CITIES
&
CIVILIZATIONS

城市与文明

江海之间

清末民初上海行政归属中的观念与实践

赵力 著

图书在版编目（CIP）数据

江海之间：清末民初上海行政归属中的观念与实践 / 赵力著. -- 成都：四川大学出版社，2025.8. -- （城市与文明）. -- ISBN 978-7-5690-8002-5

Ⅰ. K295.1

中国国家版本馆CIP数据核字第2025U6B000号

书　　名：	江海之间：清末民初上海行政归属中的观念与实践
	Jiang-Hai Zhijian: Qingmo Minchu Shanghai Xingzheng Guishu zhong de Guannian yu Shijian
著　　者：	赵　力
丛 书 名：	城市与文明

出 版 人：侯宏虹
总 策 划：张宏辉
丛书策划：张宏辉　杨岳峰
选题策划：杨岳峰
责任编辑：曾小芳
责任校对：曾悦琳
装帧设计：李　野
责任印制：李金兰

出版发行：四川大学出版社有限责任公司
　　　　　地　址：成都市一环路南一段24号（610065）
　　　　　电　话：（028）85408311（发行部）、85400276（总编室）
　　　　　电子邮箱：scupress@vip.163.com
　　　　　网　址：https://press.scu.edu.cn
印前制作：四川胜翔数码印务设计有限公司
印刷装订：成都金阳印务有限责任公司

成品尺寸：170mm×240mm
印　　张：8
字　　数：165千字

版　　次：2025年8月 第1版
印　　次：2025年8月 第1次印刷
定　　价：48.00元

本社图书如有印装质量问题，请联系发行部调换

版权所有 ◆ 侵权必究

扫码获取数字资源

四川大学出版社
微信公众号

目录
MU LU

1　　绪　论

13　　第一章　第一都会：上海面向全国

15　　第一节　从"夷场"到"洋场"：读书人视野中的上海
22　　第二节　庙堂之外：上海报刊业的崛起与舆论新空间

31　　第二章　"江苏上海人"的地域认同

33　　第一节　李平书的科举生涯及交游
43　　第二节　江苏留日学生群体与《江苏》杂志

55　　第三章　辛亥前后江苏行政整合中的观念对峙

57　　第一节　沪苏两地光复后政令表达中的认同分歧
64　　第二节　对立形象的建构：守旧者与激进者的互相认知

77　　第四章　沪军都督府的存废与地方博弈

79　　第一节　上海光复初期的权力对峙格局
89　　第二节　建制博弈：通埠自治与省域统合的较量

100	结　语
104	参考文献

绪论

XU LUN

绪 论

清季因西力东渐，中国社会遭遇数千年未有之变局，学术、思想、文化、社会、政治诸领域无不随之发生深刻变革。在此过程中，无论变革以"传统内"抑或"传统外"的形式展开，西方俨然成为难以回避的参照对象。甲午战争后，清廷的政治权威与既有社会结构面临空前挑战，社会舆论逐渐突破传统藩篱，开始孕育出新的公共舆论场，并促进另一"社会"重心之形成。随着"进化论""社会变革""国族认同"等新观念的传播，历史发展日益被视为线性推进的进程，而中国也逐渐成为各种思潮交汇、碰撞的舞台。① 这一转型的关键节点，在时间维度上主要集中于辛亥年②，在空间维度上则聚焦上海③。作为原本的"县邑"，上海在晚清变局中凭借其"一市三治"以及"地处华洋"的特殊格局，一跃成为中外文化交流的主要枢纽和思想辐射中心，被视为解读

---

① 相关研究可参见余英时：《中国知识分子的边缘化》，《二十一世纪》1991年第6期；罗志田：《权势转移：近代中国的思想、社会与学术》，湖北人民出版社1999年版；氏著：《近代读书人的思想世界与治学取向》，北京大学出版社2009年版；杨国强：《晚清的士人与世相》，生活·读书·新知三联书店2008年版；[美]杜赞奇著，王宪明等译：《从民族国家拯救历史：民族主义话语与中国现代史研究》，社会科学文献出版社2003年版；王汎森：《中国近代思想与学术的系谱》，上海三联书店2018年版；陈建华：《"革命"的现代性——中国革命话语考论》，上海古籍出版社2000年版。

② 在20世纪以前，士大夫大多持"周虽旧邦，其命维新"的思路，戊戌维新也多遵循此思路。稍后，在清季革命与改良的论争中，"旧邦新命"也是许多立宪派人士的重要主张。然而，辛亥革命后，"共和"正式取代了"旧邦新命"的旧思路，为中国政局演化指出了一条不可逆转的大道。有鉴于此，张謇在追悼孙中山的演说中，便着重提出"辛亥革命的重大意义在于跳脱了传统王朝循环论的思路，故谓孙中山之革命，则为国体之改革，与一朝一姓之更变迥然不同"。即使是反对辛亥革命的清遗民群体，也不得不以此入手来抨击辛亥革命。具体参见张謇：《追悼孙中山演说》，李明勋、尤世玮主编：《张謇全集》第4册，上海辞书出版社2012年版，第601页；林志宏：《民国乃敌国也：政治文化转型下的清遗民》，中华书局2013年版。

③ 上海往往是学者考察近代中国现代性流动的最佳窗口，甚至形成"上海学"这样的学术流派。具体参见熊月之、周武主编：《海外上海学》，上海古籍出版社2004年版；何小刚主编：《沪上钩沉——首届上海学学术研讨会论文集》，上海社会科学院出版社2015年版。

"中国现代化的钥匙"。① 在辛亥年间的政治变局中,上海不仅深度嵌入历史变革,更成为武昌起义与南京光复之间的关键纽带。② 陈其美以沪军都督身份入主沪军都督府,随后南京临时政府亦宣告成立,同盟会一度掌握政权中枢。然而,孙中山就任临时大总统不足三个月,便将总统之位"让"与袁世凯,存在仅四个月的南京临时政府旋即解体,南京留守府和沪军都督府亦先后遭裁撤。短短数月间,沪上政治势力更迭频繁,与南京临时政府的短暂存续交相呼应,充分揭示了清末民初政局的剧烈动荡与权力格局的不稳定。

既有研究聚焦政治团体内部的分化与传统社会精英的联合,所描绘的往往是同盟会在民初权力过渡时期组织尚不成熟的图景。③ 近年来,学界已对此展开纵向深描和横向比较的双重反思,催生出许多重要人物、区域史、政治史等方面的研究成果。④

值得注意的是,上海虽非辛亥革命的首义之区,却凭借其特殊的地理与政治地位,成为连接武昌与南京的核心枢纽,其历史影响力不容小觑。孙中山曾高度评价上海在辛亥革命进程中的重要地位:

> 时响应之最有力而影响于全国最大者,厥为上海。陈英士在此积极进行,故汉口一失,英士则能取上海以抵之,由上海乃能窥取南京,后汉阳一失,吾党又得南京以抵之,革命之大局因以

---

① [美]罗兹·墨菲著,上海社会科学院历史研究所编译:《上海——现代中国的钥匙》,上海人民出版社1986年版。

② 孙中山便特别重视上海在辛亥革命中的作用,谓"时响应之最有力而影响于全国最大者,厥为上海"。参见孙中山:《建国方略》,广东省社会科学院历史研究室、中国社会科学院近代史研究所中华民国史研究室、中山大学历史系孙中山研究室合编:《孙中山全集》第6卷,中华书局1981年版,第244页。

③ 探讨同盟会不成熟的研究,或未将之定性为资产阶级革命,或将革命失败皆归咎于同盟会组织人事经验不足。代表性研究可参见章开沅、林增平主编:《辛亥革命史》,人民出版社1980年版;金冲及、胡绳武:《辛亥革命史稿》,上海辞书出版社2011年版;张玉法:《辛亥革命史论》,台北三民书局1993年版。

④ 具体参见严昌洪、马敏:《20世纪的辛亥革命史研究》,《历史研究》2000年第3期;崔志海:《新中国成立以来的辛亥革命史研究》,《近代史研究》2015年第3期;马敏:《建构中国自主的辛亥革命史知识体系的启示》,《历史研究》2024年第3期。

益振。①

此类叙事模式往往与同盟会特定历史谱系的建构密切相关。孙中山本人即为这一英雄谱系叙事模式的重要推动者，而此后南京国民政府进一步加强了这一谱系的叙事。② 这种叙事模式在把握辛亥革命的主轴、强调史料发掘方面固然多有建树，但也在某种程度上遮蔽了辛亥革命历史进程的复杂样态。以上海为例，其在辛亥革命中所发挥的作用显然比在此种叙事模式下展现出来的要复杂得多，需要从多维度进行综合把握。进言之，上海光复并非单纯的政治事件，其背后隐藏着传统的县级行政单元观念与萌生的新型城市意识之间的碰撞。这种观念之争在政治层面表现为复杂的权力博弈，深刻影响了上海光复之后的地方权力格局。有鉴于此，"江苏"和"上海"之间的行政权属和政治定位，成为辛亥变局中不同派系精英争论的焦点议题之一。

近年来，学者们逐渐突破了既往传统政治事件史的研究路径，转而将视野下移，对历史记忆、公共空间等更为细微而具体的历史场景有了更多关注。此种研究取向使得历史进程展现出更为多元的面貌，也更加强调观念、话语与社会心态等方面的历史作用。例如，罗福惠、朱英编写的四卷本《辛亥革命的百年记忆与诠释》，打破了纪念式史学的窠臼，转而探讨符号、集体记忆与政治实践之间的互动关系，并且更重视时人的体验；③ 瞿骏则从城市公共空间（如私人公园、码头、茶馆、戏园等）与辛亥革命的互动出发，揭示了近代上海的政治、文化和社会变迁，避免了宏大叙事的单一视角，更多地把重大历史事件与日常生活联系起来。④ 当然，这种将重大历史事件"符号化"的路径，亦可能相对

---

① 孙中山：《建国方略》，广东省社会科学院历史研究室、中国社会科学院近代史研究所中华民国史研究室、中山大学历史系孙中山研究室合编：《孙中山全集》第6卷，中华书局1981年版，第244页。
② 此方面研究可参见陈蕴茜：《崇拜与记忆——孙中山符号的建构与传播》，南京大学出版社2009年版。
③ 罗福惠、朱英主编：《辛亥革命的百年记忆与诠释》，华中师范大学出版社2011年版。
④ 瞿骏：《辛亥前后上海城市公共空间研究》，上海辞书出版社2009年版。

忽略了对传统政治机制深层作用的发掘。①

本书所关注的沪苏行政权属之争,既非孤立的地域纷争,亦非一时的偶发政治事件,而应置于晚清以来地方观念与新兴制度之间的长期互动脉络中加以考察。对于上海和江苏的读书人而言,上海兼具"通埠"和"县治"双重属性,此种特性持续塑造着他们的身份建构和地域认同。在辛亥变局中,围绕上海行政地位的博弈,成为各方政治力量调动不同思想资源、重构"上海"和"江苏"关系的重要契机。因此,本书旨在尽可能摆脱"后见之明"的束缚,重返历史语境,探讨清末以来上海"县邑"与"通埠"双重属性的互动关系及其所引发的观念矛盾与政治纷争,进而梳理清季民初"上海"与"江苏"意识的互动张力,指出地域身份的认同逻辑并没有因为民族主义思潮、辛亥革命而彻底断裂。事实上,在辛亥年间上海和苏州光复的进程中,革命派和立宪派的分歧,其深层动因正源于此。稍后,随着南方革命党与北方袁世凯政权之间的力量消长,"县邑之上海"最终战胜了"通埠之上海"。

在与本书密切相关的论域中,地域认同的研究最具启发意义。程美宝主要以学术传承、族群观念、民俗文化为切入点,重新梳理了从"乡"到"国"的思路,并以此探讨广东地域文化观的形成;② 顾德曼(Bryna Goodman)则通过对上海会馆、同乡会等组织的研究,揭示传统"同乡认同"在近代国家认同建构中的重要作用,指出"爱乡"和"爱国"之间形成了复杂的逻辑链条;③ 熊月之亦从上海乃移民社会的特性出发,分析代际更替与公共舆论空间对清末"上海人"身份认同形成的作用及影响,指出这一观念于 20 世纪初方逐渐成形。④ 上述研究

---

① 对于政治史在一定程度上沦为"制度史"的现象,杨念群曾有"重提'政治史'研究"的反思。参见杨念群:《为什么要重提"政治史"研究》,《历史研究》2004 年第 4 期;氏著:《清代政治史研究向何处去?——一个批判性的反思》,《史林》2025 年第 1 期。

② 程美宝:《地域文化与国家认同:晚清以来广东文化观的形成》,四川人民出版社 2025 年版;氏著:《由爱乡而爱国:清末广东乡土教材的国家话语》,《历史研究》2003 年第 4 期。

③ [美]顾德曼著,宋钻友译,周育民校:《家乡、城市和国家——上海的地缘网络与认同,1853—1937》,上海古籍出版社 2004 年版。

④ 熊月之:《略论上海人形成及其认同》,《学术月刊》1997 年第 10 期。

均揭示，中国近代地域认同的形塑与清末爱国主义思潮间具有密切关联，更进一步说，"乡"和"国"关系的演变并非线性递进，而是通过地方性实践表现出显著的多样性和鲜明的地域性。就上海而言，1895年以后，随着租界公共舆论空间的迅速扩张，其城市认同也开始逐渐突破传统地域范围，开始自视和被视为"中国的上海"，从而呈现出超脱地域界限的政治文化意涵。①

此外，关于上海和江苏光复的研究也不容忽视。沈渭滨、陈三井、李云汉、吴讱、吴乾兑、唐振常等学者做了诸多史实考订等开创性工作，奠定了该研究领域的基本格局。② 章开沅、莫永明、饶怀民等学者则对张謇、陈其美、李燮和等具体人物及光复会等革命团体给予了关注，他们梳理了相关人物和团体的辛亥史迹，尤其对其背后复杂的人际关系网络作了初步探讨。③ 此外，近年来涌现的一批博士学位论文和学术论著也聚焦上海和江苏光复，这些研究均从不同程度揭示了辛亥变局的地域特性，为深入理解地方政治和文化变迁提供了新视角。④

既有研究为本书提供了重要启发，然而其中仍有诸多问题值得进一步反思和深入探讨。在地域认同方面，相关研究往往存在两种取向：一种取向将现代性追溯到晚清时期，并将"上海人"意识的起源置于晚清上海的移民社会与都市社会的双重结构之中；而在这一逻辑序列中，论

---

① 参见熊月之：《张园：晚清上海一个公共空间研究》，《档案与史学》1996年第6期；氏著：《晚清上海私园开放与公共空间的拓展》，《学术月刊》1998年第8期；许纪霖：《近代中国的公共领域：形态、功能与自我理解——以上海为例》，《史林》2003年第2期；方平：《晚清上海的公共领域（1895~1911）》，上海人民出版社2007年版；瞿骏：《辛亥前后上海城市公共空间研究》；王敏、魏兵兵、江文君、邵建：《近代上海城市公共空间（1843—1949）》，上海辞书出版社2011年版。

② 熊月之：《上海租界与晚清革命》，唐振常、沈恒春主编：《上海史研究（二编）》，学林出版社1988年版，第1—22页。沈渭滨：《论辛亥上海光复》，洪泽主编：《上海研究论丛》第1辑，上海社会科学院出版社1988年版，第58—62页。

③ 莫永明：《陈其美传》，上海社会科学院出版社1985年版；饶怀民：《李燮和与沪宁光复》，湖南师范大学出版社1998年版；吴讱：《辛亥革命论文集》，南京师范大学出版社2000年版；章开沅：《开拓者的足迹：张謇传稿》，中华书局1986年版；谢一彪：《光复会史稿》，人民出版社2009年版。

④ 其中比较有代表性的研究有王佩良：《江苏辛亥革命研究》，国防科技大学出版社2008年版；周新国等：《江苏辛亥革命史》，社会科学文献出版社2011年版；黄健美：《上海士绅李平书研究》，复旦大学博士学位论文，2011年；唐伟峰：《辛亥革命时期的中部同盟会研究》，南开大学博士学位论文，2014年。

者往往直接将"上海人"与"国人"对接,忽略了"江苏"在认同链条中的作用及影响。另一种取向则聚焦"省籍意识"等问题,试图借此厘清"国家主义"和"地方主义"的具体内涵及内在张力。这两种取向均有其不足:前者或被当时报刊言论误导,抑或过度将20世纪20年代后方才兴盛的都市文化投射回晚清的历史语境,从而遮蔽了清末以来围绕"国民"概念构建过程中,"国民—国家""乡—国"等体系对传统行政序列的依赖性和延续性;① 后者虽揭示出移民社会对于原籍的高度认同,往往通过同乡会、会馆等组织反映出"上海"作为"异乡"的一面,然而在分析"上海人"与"国人"的关系时,亦常忽视"江苏"在其中所发挥的重要中介作用。

有鉴于此,本书要探讨的是,虽然清末民初传统的"乡邑—天下"观念已逐渐为"乡—国"等从西方引入的新概念所取代,但这一转型过程在路径和方式上仍依赖传统的府州县行政体制。在这一新旧交织的制度框架中,"江苏"与"上海"在"乡—国"认同序列中获得了新的定位和意义,而"上海人"身份的形成也未脱离对"江苏"的制度性依赖和观念性承袭。在清末民初的语境下,"上海人"和"江苏上海人"常常并存,并且在必要的时候,时人对"江苏上海人"身份的认同也往往要优先于"上海人"身份的认同。例如,在1907年江苏教育总会编写的文牍中,所有会员籍贯均以府厅州县为依据,上海籍会员在填写籍贯时仍普遍有意识地使用"江苏上海县"而非简单标注"上海",这一现象无疑反映出传统行政建置对身份认同的深刻影响。②

在具体研究方法上,本书兼采观念史、政治史与区域史之长,立足于清末民初上海和江苏的地方语境,通过对报刊言说、士人自述、官方文书等史料进行细致分析,尝试还原历史主体的行为逻辑,以揭示清末民初江苏上海行政权属之争背后所蕴含的深层次观念裂隙与制度脉络。在有关清末民初上海与江苏关系的既有研究中,经典研究范式多致力于

---

① 至少在清末将"江苏"置于"上海人"之上是一种很自然的说法,时人在提出"上海人"的观念时并无意与江苏撇清关系。简言之,"上海人"的观念牢牢植根于传统省府州县的序列之上。

② 参见《江苏教育总会简章》,沈同芳著录,袁德芳校点:《江苏教育总会文牍》二编,江苏教育总会,1907年,第149页。

重要事件与人物评价等问题，或囿于"革命史"与"现代化史"的叙事框架，或采用调和论式的分析，其史料取舍目的性较强，亦存在一定程度的误用或误读。事实上，辛亥革命相关史料，或因当事人立场不同，或多系追忆和转述，彼此间的叙述往往多存在互歧之处，许多地方不能遽信，而需参照多方说法互证后才能采信。此外，不少涉及江苏和上海辛亥革命的最新研究，虽另辟蹊径，将目光下移，也更关注基层社会的经验和历史的细节，然对于"立宪党"和"革命党"之间的复杂关系讨论不多，导致研究在此方面出现了某种断裂。本书将尝试以"江苏上海人"的观念为线索，探讨辛亥革命期间上海革命派与江苏立宪派之纷争如何在身份认同与制度惯性交织下展开，尤其关注南北政权权势转移对双方纷争走向的重要影响。①

值得注意的是，当我们将研究聚焦清季民初，特别是围绕辛亥革命与上海展开时，会发现其间史料之繁复令人目不暇接，颇有"乱花渐欲迷人眼"之感。因此，如何在史料的海洋中有效搜集、整理和分析材料，便成为一项极为艰巨的工作。晚清以降，面对西潮东渐，中国读书人的应对呈现出明显的多元分化特征，加之派系分歧和观念差异，不同史料所呈现的历史图景亦较为复杂。金茨堡（Carlo Ginzburg）、勒华·拉杜里（Emmanuel Ladurie）、达恩顿（Robert Darnton）、王笛等学者通过微观史视角，于琐碎中理出脉络，向我们呈现了一条条通幽的曲径，为史实重建提供了有益的方法借鉴。② 本书也将汲取这些方法，尝试从具体历史语境出发，仔细研读各类报刊、公牍私函、政闻评论、个人自述、时人日记等材料，在既有研究基础上进行细部的深描。

---

① 关于从旧有行政归属探讨苏政统一的研究，可参见周育民：《辛亥革命时期的"江苏统一"——兼论辛亥革命时期的苏沪行政关系》，中国史学会编：《辛亥革命与二十世纪的中国（上）》，中央文献出版社 2002 年版。

② 上述学者的研究从微观史角度切入，向我们展示了高超的叙事技巧。具体参见［意］卡洛·金茨堡著，鲁伊译：《奶酪与蛆虫：一个 16 世纪磨坊主的宇宙》，广西师范大学出版社 2021 年版；［法］勒华·拉杜里著，许明龙、马胜利译：《蒙塔尤：1294—1324 年奥克西坦尼的一个山村》，商务印书馆 2007 年版；［美］罗伯特·达恩顿著，吕健忠译：《屠猫记：法国文化史钩沉》，新星出版社 2006 年版；王笛：《碌碌有为——微观历史视野下的中国社会与民众》，中信出版集团股份有限公司 2022 年版。

本书主要使用的第一手资料包括县志、私人撰述和报刊文献等。其中，嘉庆、同治和民国各版本的《上海县志》和《青浦县续志》等地方志为我们提供了清末民初上海的背景性信息，而一些笔记和年谱等私人记录亦对重建上海地方历史有重要补充作用。此外，报刊在传递即时信息方面极具价值，唯其论述立场常常受到派系立场左右，不同报刊对时局的解读也大相径庭。① 关于清末以来报刊舆论的研究已硕果累累，因目力所限，本书以《申报》和《民立报》两份大报为核心考察对象，同时兼顾《时报》《新闻报》《时事新报》等重要报刊的相关报道。至于更为私人化的日记文献，如本书主要参考的《王韬日记》《郑孝胥日记》《张謇日记》《吴宓日记》等，则为我们展现了一个更为具体和细腻的历史人物内心世界。

除上述材料外，现代史料汇编虽为检索和阅读提供了极大便利，但也因编纂者的视角局限，而难以呈现诸多历史问题所存在的多重面向。当然，这并不是要否定史料汇编的重要价值。事实上，在20世纪80年代以前，史学界已对辛亥革命做了大量史料汇编工作，如《辛亥革命在上海史料选辑》便是其中的代表性成果。该书自1966年初版，1981年修订，至辛亥革命百年纪念之际又推出新增订版，全书洋洋洒洒逾1300页，内容包罗万象。整体而言，尽管其编纂体例和章节安排带有较为明显的时代特征，但对本研究仍具有重要的参考价值。需要指出的是，《辛亥革命在上海史料选辑》虽遗漏了不少上海辛亥革命的相关材料，且部分内容因采用片段式辑录而语焉不详；但是，该选辑具有相当程度的指引意义，其提供的诸多史料线索，为研究者指明了搜集方向，有效缩短了研究者的史料搜集时间。此外，其他重要史料汇编，如中国史学会主编的八卷本《辛亥革命》、中国人民政治协商会议全国委员会文史资料研究委员会编的八卷本《辛亥革命回忆录》等，亦对本研究多

---

① 例如，郑孝胥在辛亥年间广泛阅读各报，其首重《大陆报》，原因即该报在郑氏眼中最为客观。

有裨益。① 另有诸多文史资料、纪念资料等也足资补充之用。② 在人物资料方面,《张謇全集》《蔡元培全集》《陈英士先生纪念全集》《居正先生全集》《孙中山全集》《章太炎全集》《黄兴集》等辛亥重要人物文集,亦为探讨相关人物的思想观念和政治实践提供了重要线索。

若从时间谱系上考察近代上海历史,则年谱、行状、自述与大事记等史料能够形成另一重要线索系统。其中年谱类文献,无论是自订年谱或他人编纂年谱,因多含溢美谱主的成分,往往存在抑恶扬善倾向,可能导致史实遗漏乃至篡改,故使用时须审慎甄别;而编年体、纲目体和纪事本末体史著,则为厘清事件时序和考察历史背景提供了极大便利。这类史料中,本书主要参考了汤志钧《近代上海大事记》与郭廷以《中华民国史事日志》等。

虽然本书关注的问题具有一定的宏观色彩,但仍努力将视野下移。因此,除了上述材料,笔者亦充分发掘市井材料,并择取相关闲暇性文字乃至小说纳入研究。例如包天笑的《钏影楼回忆录》、姚公鹤的《上海闲话》,以及郑逸梅、鲁迅的相关记述,这些文献虽属边缘史料,却以鲜活的细节描写,生动再现了清末民初上海的社会风貌与日常生活,有效弥补了官方材料和政论文章在生活质感方面的缺失。③

综上所述,本书试图将观念史与政治实践结合起来,考察清末民初上海"通埠"与"县治"的双重属性及其与"江苏"的行政建置和地域认同之关系;同时关注沪苏双方在实际博弈过程中所体现的观念差异,以及各方政治力量如何利用这种差异影响时局走向的运作机制。

---

① 《辛亥革命》与《鸦片战争》《太平天国》《洋务运动》《甲午战争》共同构成中国近代史研究的重要史料,均于新中国成立后陆续出版。其中,《辛亥革命》后又重新调整了章节目录,于2008年推出新版。而《辛亥革命回忆录》则多收录20世纪50至60年代当事人的相关回忆,虽带有鲜明的时代烙印,许多地方需加以考订,但对本研究仍具有重要参考价值,尤其是在补充历史细节方面,可作为辅助论证材料。

② 除了中央层面,各地方政协所编的文史资料亦多有涉及辛亥革命议题,本书重点参考了《辛亥革命江苏地区史料》《辛亥革命七十周年——文史资料纪念专辑》等。

③ 关于边缘材料的发掘、利用和意义,可参见王笛:《茶馆:成都的公共生活和微观世界,1900~1950》,社会科学文献出版社2010年版。

第一章

第一都会：上海面向全国

DI YI ZHANG

上海于 1292 年正式建县。民国《上海县志》记载:"壬辰元世祖至元二十九年(1292 年),于华亭县东境之上海镇立上海县,与华亭同为江浙行省之松江府属县。"① 此后历经元、明、清三朝,上海在行政建置上始终隶属于松江府。康熙六年(1667 年),清廷裁江南省,设立江苏省,上海遂成为江苏省松江府下辖属县。揆诸文献,尽管嘉庆年间已有文人标榜上海为"东南都会"②,但事实上,彼时的上海仍处于苏州、杭州等江南名城的光辉之下,时人多以"小苏州"或"小杭州"称之。"苏台"对于上海而言,仍是令人神往的文化标杆。然而,自 1843 年开埠之后,上海地位便发生了根本性变化,并迅速超过了广州与苏州,一举成为中国最重要的商业口岸。③ 依托独特的"一市三治"行政格局和"地处华洋"的社会空间结构,上海不仅成为近代中外交流的孔道,也成为知识和货物辐射腹地的重要门户。正因如此,上海也被视为理解中国现代化的锁钥。

第一节 从"夷场"到"洋场":
读书人视野中的上海

1848 年,时值上海开埠五周年,21 岁的江苏长洲(今属苏州)人王韬因省亲第一次来到上海。当船驶入黄浦江时,这位年轻人目睹了西

---

① 民国《上海县志》卷 1《纪年》,1936 年刊本,第 9 页。
② 熊月之主编,周武、吴桂龙著:《上海通史 第五卷:晚清社会》,上海人民出版社 1999 年版,第 1 页。
③ 上海出口贸易额于 1853 年正式超过广州,成为中国第一大商港,此后这种差距更是持续扩大。参见黄苇:《上海开埠初期对外贸易研究(1843—1863)》,上海人民出版社 1979 年版,第 42—61 页;Fairbank, John. K. *Trade and Diplomacy on the China Coast: The Opening of Treaty Ports, 1842 – 1854*, Vol. 1, Cambridge, Mass: Harvard University Press, 1953, pp. 393—461.

力东渐初临上海时的景象：

> 一入黄歇浦中，气象顿异。从舟中遥望之，烟水苍茫，帆樯历乱，浦滨一带，率皆西人舍宇，楼阁峥嵘，缥缈云外，飞甍画栋，碧槛珠帘。此中有人，呼之欲出；然几如海外三神山，可望而不可即也。①

王韬初访沪上时上海开埠不过仅五年，当时黄浦江沿岸就已充满了异域色彩。次年，因父亲病逝，王韬再度赴沪，并应英国伦敦宣道会传教士麦都思（Walter Henry Medhurst）之邀，开始了其长达13年的沪上"佣书"生涯。初次入沪时，西式建筑使王韬联想到中国古典传说中的蓬莱诸神山，印象颇佳。然而，当其为生计真正融入上海生活后，所遭遇的却是中西文化冲突带来的内心焦灼。与后世读书人不同，此时的王韬尚未将西方视作中国传统的挑战者。对此，柯文（Paul A. Cohen）曾指出："考虑到王韬为西方人工作并居住在一个西人日多的城市这一事实，这是颇为奇特的"②。

然而，按照王韬的思路，这种态度并不奇怪。事实上，当时王韬仍秉持以"华夏之防"和"道器论"的传统观点来理解上海这个新兴的"夷场"。尽管沪地"番舶云集""百货阗集"，西式印刷机、报纸、"自来火"与马戏等新事物纷至沓来，城市风貌也已与内地迥异，然王韬最为忧虑的仍是"西俗"对"华风"的浸染以及可能导致的"名教"危机。面对上海"日趋华靡，衣服僭移，上下无别"的新风尚，王韬作为"礼法之士，至于不欲见闻"。③ 王韬怀抱此种"夷夏观"和"道器论"，却身处西馆，为人"佣书"，仰人鼻息，其内心的苦闷也变得容易理解。

而更令王韬痛苦的是正统士人对其为西人谋事的鄙夷，甚至连亲朋好友也难以理解其无奈之处。对此，王韬屡次致书亲友，阐明立场，重

---

① 王韬著，顾钧校注：《漫游随录·黄浦帆樯》，社会科学文献出版社2007年版，第28页。
② [美] 柯文著，雷颐、罗检秋译：《在传统与现代性之间——王韬与晚清改革》，江苏人民出版社1998年版，第26页。
③ 王韬著，沈恒春、杨其民标点：《瀛壖杂志》，上海古籍出版社1989年版，第113页。

申西人"非我族类,其心必异",同时又将西人钟表等发明视为"奇技淫巧",认为西人之"器"虽精,然仍无法与中华匹敌,盖因相较专于"器"的做法,"中国以为用心之精不在于是"。① 王韬由此指出中国秉持的是"纯王之正",而西国所行,不过是"杂霸之术",并进一步表明,中西方文化的表现形式不同:"形而上者中国也,以道胜;形而下者,西人也,以器胜"②。从王韬的思想认知框架来看,上海西式器物文明带来的震撼,在很大程度上只停留于物质文化层面。在他看来,西方人虽精于制器之术,但文化深层仍需要依靠中国文士。在沪十三年,乃至1862年赴港之后的几年,王韬始终未改变这种见解。③

作为传统士人,王韬因生计投身上海"夷场",逐渐转变为所谓的"条约口岸知识分子"(treaty port intellectuals)之一。在通商口岸中西文化交接之际,他们被置于事实上的边缘境地,其内心的挣扎和彷徨仍在于"谋生"的苦衷与内心"名教"操守之间的冲突和拉锯。当友人向王韬抱怨,言"教中书籍大悖儒教,素不愿译",意欲辞去协助译书差事时,王韬的回应耐人寻味:"教授西馆,已非自守之道",劝他不妨继续从事翻译。④ 这番自我开解之辞,字里行间透露出难以言说的心酸与无奈。尤其值得玩味的是,至1885年,年届58岁的王韬在《弢园老民自传》中追述早年沪上佣书经历时,对其动机进行了意味深长的重构,自称"老民欲窥其象纬舆图诸学,遂往适馆授书焉"⑤。如此一来,不仅淡化了当初迫于生计的窘境,更将自身塑造为主动探求西学的进步者形象,从而完成了从传统士人到新知追求者的身份转变。

王韬的言说转变,无论是有意还是无意,恰可映照19世纪50至80年代中期,中国读书人对"西学"态度的悄然变化。在开埠后的最初10余年间,上海虽然日益繁华,但是"几乎没有打扰内地中国人的

---

① 王韬:《与周弢甫征君》,氏著:《弢园尺牍》,中华书局1959年版,第30页。
② 王韬:《与周弢甫征君》,氏著:《弢园尺牍》,第30页。
③ 参见朱维铮、李天纲:《清学史:王韬与天下一道论》,《复旦学报(社会科学版)》1995年第3期。
④ 方行、汤志钧整理:《王韬日记》,中华书局1987年版,第92页。
⑤ 王韬著,孙邦华编选:《弢园老民自传》,江苏人民出版社1999年版,第2页。

生活"①，及至19世纪80年代，随着同治中兴诸名臣倡导的洋务事业渐次展开，西学在中国趋新士人中已不再陌生。也正是在这三四十年间，上海对中国内地的辐射力开始不断增强，逐渐成为中国新知的主要传播口岸。在此过程中，江浙地区新兴的绅商阶层也开始逐渐崛起，推动了该地区西洋物质的消费和西洋文化的引入。②

新知由上海向内地的辐射效应，在康有为、梁启超等内地知识分子的阅读经验中得以体现。1879年，22岁的康有为虽已决意"舍弃考据贴括之学，专意养心"，并怀抱"经营天下之志"，但其所读仍多为《经世文编》等经世之书。这一知识结构很快被打破——通过接触《西国近事汇编》《环游地球新录》等西学书籍，特别是在"薄游香港"，目睹香港道路、楼宇、巡捕制度后，康有为的思想发生了重大转变。他在自述中明确记载："乃始知西人治国有法度，不得以古旧之夷狄视之。乃复阅《海国图志》《瀛寰志略》等书，购地球图，渐收西学之书，为讲西学之基矣。"③《西国近事汇编》即为上海江南制造局翻译馆的出版物，主要编译西方主流报刊的新闻，旨在向中国官员和读书人介绍全球政治、经济、科技与文化动态。④ 与1885年王韬在回忆中试图粉饰其三十年前沪上佣书生涯的态度不同，此时康有为对西学的接纳，已显得相当坦然与从容。

光绪八年（1882年），康有为首次赴京参加顺天府乡试，同年秋天南归途经上海时目睹租界之繁华，深感"益知西人治术之有本"，遂"大购西书以归讲求"，返粤后便"大讲西学"。⑤ 此次沪上经历成为康有为学术转向的关键契机。翌年，康有为不仅订阅林乐知（Young John Allen）等传教士创办的《万国公报》，更开始系统研读"声、光、

---

① ［美］柯文著，雷颐、罗检秋译：《在传统与现代性之间——王韬与晚清改革》，第12页。
② 具体参见 Rankin, Mary B. *Elite Activism and Political Transformation in China: Zhejiang Province, 1865-1911*, Stanford: Stanford University Press, 1986, pp. 36-169.
③ 康有为著，楼宇烈整理：《康南海自编年谱（外二种）》，中华书局1992年版，第9—10页。
④ 关于该刊在传播西学知识上的作用，参见乐正、郑翔贵：《〈西国近事汇编〉及其亚洲报道研究》，《近代史研究》1995年第4期。
⑤ 康有为著，楼宇烈整理：《康南海自编年谱（外二种）》，第11页。

化、电、重学及各国史志",西学造诣亦呈"日新大进"之势。① 值得注意的是,甲申十二月(1884年末至1885年初),康氏通过交叉参证西学书籍和佛典,顿觉"洞悉了宇宙与人生的奥秘",并由此逐渐形成后来《大同书》核心观点的雏形。②

考察康有为的阅读经历,其西学资源主要来自上海的两个渠道:一是江南制造局翻译馆刊行的"声光化电"等科技类译著,二是西方传教士创办的时政、技术、经济等综合出版物。据康有为弟子张篁溪的《万木草堂始末记》载,万木草堂所藏西学书籍多达3000余册,包括《西国近事文编》《环游地球新录》《万国公报》等时论要籍。③ 这一知识获取途径,充分体现了上海作为晚清国内西学传播中心的枢纽地位。1879年的香港之行,虽然是康有为接触西学的起点,并让其产生"西人治术有本""不得以古旧之夷狄视之"的朦胧认知,但1882年的上海经验,才真正促成其思想上的决定性转变。自此,康有为正式开始系统性地"大讲西学""大攻西书"。值得注意的是,当时上海各译书机构因本土科技和翻译人才缺乏,所出译本多限于基础科学知识,而鲜有政治、哲学等系统理论著作,然而康氏却凭借过人的学术悟性,通过"举一反三"的诠释方式,最终得以在传统学问外"别开一境界"。④

无独有偶,稍晚时期的梁启超也经历了类似的知识转型。1890年,18岁的梁启超赴京应试未第,南归途经上海时,"从坊间购得《瀛寰志略》读之,始知有五大洲各国"⑤。彼此的梁氏虽已对江南制造局译书"心好之",却因财力不殆,未能购置。⑥ 同年秋,梁启超开始结识学海堂同窗陈通甫,经其引荐,梁氏最终转投康有为门下。据梁启超回忆,在聆听了康氏的"大海潮音"后,他"决然舍去旧学",从学海堂退学,

---

① 康有为著,楼宇烈整理:《康南海自编年谱(外二种)》,第11页。
② [美]萧公权著,汪荣祖译:《近代中国与新世界:康有为变法与大同思想研究》,江苏人民出版社1997年版,第46页。
③ 张伯桢:《万木草堂始末记》,张启祯、周小辉编:《万木草堂集》,青岛出版社2017年版,第180页。
④ 梁启超:《南海康先生传》,《饮冰室合集》文集之六,中华书局1989年版,第61—62页。
⑤ 丁文江、赵丰田编:《梁启超年谱长编》,上海人民出版社1983年版,第22页。
⑥ 丁文江、赵丰田编:《梁启超年谱长编》,第22页。

自后便专从康有为问学。① 康有为的课程系统,并不包括学海堂引以为傲的考据学传统。② 相反,康有为教授的重心在于"陆、王心学"和"史学、西学之梗概"。这种独特的学术取向对梁启超产生了深远影响,其自谓"生平始知学自兹始"③。

1892年,梁启超因父亲去世,未能参加春闱,便从北京径自南下。途经上海时,他可以逗留数日,以便考察西学。此时,梁启超经济已较为宽裕,遂购置诸多"江南制造局所译之书,及各星轺日记,与英人傅兰雅所辑之《格致汇编》等书"④。此前,梁氏虽在万木草堂受康有为西学启蒙,然此次亲见沪上琳琅满目的各类译书,使他对西学有了更直接的认知。甲午战争后,梁启超因政论文章声名鹊起,可谓年少风流。1896年,梁氏应学生之邀,编订《西学书目表》,其中所列报刊共计6种,除《中西闻见录》刊于北京外,其余5种均在上海出版;而其所列36种书籍,亦大多在上海刊行。⑤

戊戌政变后,梁启超流亡日本,在日本接触西学后,梁氏思想再度发生重大转变。关于这一转变,学界讨论甚多,此处不再赘述。⑥ 不过,可以肯定的是,即便在清末西学主要由日本输入后,上海仍保持着首要接纳口岸的地位——经日本中转的西学知识,仍以上海为最重要的传播枢纽,其知识中转枢纽的地位未曾稍减。

晚清士人王韬、康有为和梁启超的沪上经历,主要展现了19世纪中期以来士人阶层接纳西学的心态,而安徽绩溪少年胡适的上海求学经历,则为我们提供了20世纪初内地学子接触新式教育的特殊个案。

光绪三十年(1904年),14岁的胡适初至上海时,仍保持着传统士

---

① 丁文江、赵丰田编:《梁启超年谱长编》,第23页。
② 万木草堂的课程包括读书、养心、治身、执事、接人、时事、夷务等七门。参见[美]列文森著,刘伟、刘丽、姜铁军译:《梁启超与中国近代思想》,四川人民出版社1986年版,第24页。
③ 丁文江、赵丰田编:《梁启超年谱长编》,第23页。
④ 丁文江、赵丰田编:《梁启超年谱长编》,第28页。
⑤ 具体书目参见秦绍德:《上海近代报刊史论》,复旦大学出版社2014年版,第32—34页。
⑥ 系统讨论参见[日]狭间直树著,高莹莹译:《梁启超:东亚文明史的转换》,北京大学出版社2021年版;[美]张灏著,崔志海、葛夫平译:《梁启超与中国思想的过渡(1890—1907)》,江苏人民出版社1995年版。

绅装束——"蓝呢的夹袍,绛色呢大袖马褂",这副与上海新式学堂格格不入的打扮使他被视作"乡下人"。语言隔阂更强化了这种异类感,正如其回忆所言,他常因"全不懂上海话"而陷入窘境。① "从上庄的'先生'到上海的'乡下人'……小胡适……想必是难堪之极。"② 尽管有初来的不适应和种种难堪之事,然而,正是在这座开放口岸,胡适迅速在熟悉的"旧学"之外发现了广阔的"新知"世界:在二哥的引荐下,他阅读到了新出的《明治维新三十年史》、壬寅年《新民丛报汇编》等时新书刊,甚至能在短时间内从懵然不知日本具体方位到能撰写《原日本之所由强》这样的"经义"文章了。③ 数年间,在梁启超等人著述的影响下,胡适也开始自命为"新人物"了。通过传阅《革命军》、每日阅读《时报》、苦修英文和算学、精研《天演论》等,胡适确实也算是入了新学的门径。

值得注意的是,此时西学传播路径已发生显著变化——相较于五六十年前主要依靠传教士的直接输入,20世纪初的新知更多经由日本转译。当时梁启超等维新人士多在日本活动(梁启超的著述也基本作于在日期间),这些新知通过梁启超等流亡知识分子的著述及《新民丛报》等刊物传入上海。这些承载着新知的书刊,虽往往为清廷官方所禁,却在民间书肆秘密流通,且销路颇佳。④ 胡适的经历提醒我们,直到20世纪初,上海依然是向内地传播新知的前沿,西学开始经由日本,再从上海传入内地,而西学的主要传播者则从外国传教士逐渐变为梁启超等政治流亡者以及留日学生。

需要指出的是,虽然在胡适的回忆中,20世纪初的上海"还是一个眼界很小的商埠","剪发洋装"不仅会被视为"奇怪的事",甚至可能因此背负"革命党"的嫌疑和"怪物"的骂名。⑤ 可是在上海的六年,胡适还是完成了从"乡下人"到"新人物"的蜕变。罗志田在分析胡适从"旧"到"新"的转型时指出,胡适最终能跻身庚款留学生这一

---

① 胡适:《四十自述》,中国华侨出版社1994年版,第47页。
② 罗志田:《再造文明的尝试:胡适传(1891—1929)》,中华书局2006年版,第42页。
③ 胡适:《四十自述》,第49页。
④ 参见郑逸梅:《书报话旧》,学林出版社1983年版,第108—109页。
⑤ 胡适:《四十自述》,第60页。

全国性的精英之列，实质上有赖于其在绩溪乡间获得的国文训练，以及在上海澄衷学堂等西式教育机构获得的英文训练。①

胡适的个案生动展现了清末教育格局的深刻变革。随着上海新式学堂的兴起，传统私塾教育逐渐式微，通商口岸与内地之间的知识落差日益扩大。在广大中国内地的城市和乡村居民眼中，上海已然成为中国一个"异域"般的"新世界"，成为中国"多个世界"中最耀眼和最混杂的一个。② 由上海发轫，无论是"舶来品"（直接输入的西方文明）还是"自产自销"（本土转化的新式文化），上海的"新"持续地向内地辐射扩散，自晚清至五四时期形成日益强劲的趋新潮流。无论如何，从王韬、康有为、梁启超到胡适的阅读和求学经历中，我们似乎能隐约看到：在趋新的读书人视野中，上海逐渐从"夷场"变成了传播新知的"洋场"。

第二节 庙堂之外：
上海报刊业的崛起与舆论新空间

哈贝马斯（Jürgen Habermas）在《公共领域的结构转型》一书中，基于对17世纪后期英国和18世纪法国的考察，提出了"公共领域"（Public Sphere）这一概念，并将其视为"批判当代社会的一种抽象判准（abstract standard）"。③ 在哈贝马斯看来，"公共领域"不仅是一种历史现象，更承载着道德批判的意涵。④ 该概念被引入中国近现代史研究领域后，虽然"有可能在无意间开创一片新天地"⑤，但在事实上也

---

① 罗志田：《再造文明的尝试：胡适传（1891—1929）》，第61页。
② 罗志田：《新旧之间：近代中国的多个世界及"失语"群体》，《四川大学学报（哲学社会科学版）》1999年第6期。
③ 黄宗智：《中国的"公共领域"与"市民社会"？——国家与社会间的第三领域》，黄宗智主编：《中国研究的范式问题讨论》，社会科学文献出版社2003年版，第263页。
④ 具体参见［德］哈贝马斯著，曹卫东、王晓珏、刘北城、宋伟杰译：《公共领域的结构转型》，学林出版社1999年版；李佃来：《公共领域与生活世界——哈贝马斯市民社会理论研究》，人民出版社2006年版。
⑤ Rowe, William T. The Public Sphere in Modern China, *Modern China*, Vol. 16, No. 3 (July 1990), pp. 309–329.

造成了学界对其适用性的诸多分歧。然而，可以肯定的是，在中国近现代史研究中，"公共领域"通常被用以指称那些介于"国家"和"地方"之间的社会力量和组织。①

20世纪90年代初，学界围绕"公共领域"理论在中国近现代史研究中的适用性问题展开了一场激烈讨论。经由这场讨论，中外研究者逐渐就外来概念在中国近现代史领域的应用达成了某种方法论共识。易言之，越来越多的学者认识到，与其使用"公共领域"这一较为模糊的理论范畴，不如以更为具体、清晰的"公共舆论""公共空间"等词汇来代替。② 本书亦将回避"公共领域"这一表述，转而采用更细致且不容易引起歧义的"公共舆论"一词。

罗威廉在对19世纪汉口城市空间和公共设施的研究中，有意将《申报》等新式媒介视作汉口"城市改革派精英"的舆论阵地。③ 不过，回溯早期此类报纸的具体内容，我们不难发现其言论多集中于商业事务和本地治安等范畴，很少产生所谓的舆论阵地。至少在甲午战争以前的数十年间，时人普遍存在"开报馆者，惟以牟利为目标；任笔政者，惟以省事为要诀"的印象。④ 这种印象反映出了当时"社会普遍心理"，甚至连报人亦多自轻其业。⑤ 著名报人姚公鹤在回忆戊戌变法前的报人地位时有一段颇为传神的描述：

---

① 相关研究可参见〔美〕罗威廉著，江溶、鲁西奇译：《汉口：一个中国城市的商业和社会（1796—1889）》，中国人民大学出版社2005年版；〔美〕罗威廉著，鲁西奇、罗杜芳译：《汉口：一个中国城市的冲突和社区（1796—1895）》，中国人民大学出版社2008年版；〔美〕史谦德著，周书垚、袁剑译，周育民校：《北京的人力车夫：1920年代的市民与政治》，江苏人民出版社2021年版。

② 相关研究可参见 Shi, Mingzheng. From Imperial Gardens to Public Parks: The Transformation of Urban Space in Early Twentieth-Century Beijing, *Modern China*, Vol. 24, No. 3 (July 1998), pp. 219—254；〔美〕卢汉超著，段炼、吴敏、子羽译：《霓虹灯外：20世纪初日常生活中的上海》，山西人民出版社2018年版；王笛著，李德英、谢继华、邓丽译：《街头文化——成都公共空间、下层民众与地方政治，1870—1930》，中国人民大学出版社2006年版。

③ 〔美〕罗威廉著，鲁西奇、罗杜芳译：《汉口：一个中国城市的冲突和社区（1796—1895）》，第31—35页。

④ 戈公振：《中国报学史》，中国新闻出版社1985年版，第84页。

⑤ 郑逸梅曾记，光宣之际著名报人蔡尔康的名片依然将"四品衔分部主事，奏保经济特科，六举优行恩贡生"的身份置于《申报》副主笔、《沪报》总主笔前。报人自我定位已是如此，遑论社会认知。参见郑逸梅：《人物品藻录》，日新出版社1946年版，第100页。

盖社会普遍心理，认报纸为朝报之变相，发行报纸为卖朝报之一类……售时必以锣随行，其举动颇猥鄙，而所传消息亦不尽可信，故社会轻之……故每一报社之主笔、访员，均为不名誉之职业，不仅官场仇视之，即社会亦以搬弄是非轻薄之。①

尽管彼时报人群体的社会地位普遍低微，但作为言论载体的报纸，其社会功能却呈日益凸显之势，且逐渐突破商业运作与治安管理的范畴。借助这些新式报刊的传播力量，上海逐渐成为国内新知传播的中心。这一演进过程，不仅使读书人的价值观念与思维模式悄然转变，更在无形中为甲午战败后读书人整体掀起的思变浪潮埋下了种子。甲午一役，清廷以战败告终。这一事件对传统读书人造成了深刻的思想冲击，由此引发的思变风潮亦在全国范围内迅速蔓延开来。

耐人寻味的是，晚清士人的观念革新，往往以国家危局为重要契机。甲午战争后，一批长期处于边缘地位的士人开始崭露头角。随着时局激荡，报纸逐渐成为主要的言论场域，维新思潮最终汇成了滔滔江水，形成了"沛然莫之能御"的舆论洪流。在这一进程中，士人群体出现了明显的新旧更迭，而其言论形式，也逐渐由传统"清议"转向借助报刊的"公共舆论"，并形成"名士起于庙堂之外""名士的报纸与清流的奏折相代谢"之势。最终，天下士议的重心也发生了转移，形成以庙堂之外取代庙堂之内的新格局。②

在这场激变中，名士与报纸形成了某种意义上的同构关系。于传统功名体系之外，士人得以借助新闻舆论觅得新的立身之所，并将原本盛行于士林内部的清议，扩大为足以影响全国的公共舆论。③ 这些脱胎于传统科举体制的新一代读书人，在时代嬗变中渐次转型——既与传统功名所代表的旧有文化资本相勾连，又为日后脱胎于科举的新式知识分子的登场铺平了道路。④

---

① 此外，左宗棠作为封疆大吏也颇轻视报人，曾言"江浙无赖文人，以报馆为末路"。姚公鹤著，吴德铎标点：《上海闲话》，上海古籍出版社1989年版，第128页。
② 杨国强：《晚清的清流与名士》，《史林》2006年第4期。
③ 许纪霖：《重建社会重心：近代中国的"知识人社会"》，《学术月刊》2006年第11期。
④ 具体参见杨国强：《百年嬗蜕：中国近代的士与社会》，上海三联书店1997年版。

若以甲午战争作为"思变"的起点,上海无疑是向全国输送新知的枢纽,并推动了这种新式议政方式的广泛传播。① 1896 年 1 月 12 日,《强学报》于上海创刊,该报以"广人才、保疆土、助变法、增学问、除舞弊、达民隐"②为办报宗旨。此举标志着以康有为代表的边缘士人阶层,已开始逐渐走向舆论舞台中心。③尽管该报仅仅出版了三期即因强学会被禁而停刊,但其停刊缘由则让我们看到了庙堂之内的士人对庙堂之外的舆论介入朝政的警惕和抵制。监察御史杨崇伊在奏折中直斥文廷式等人"广集徒众,妄议朝政",足见其对《强学报》等试图绕过朝廷进行公开议政的行为的强烈不满。④然而,这种以报纸为载体的公开议政模式,实则打破了此前时人对开报馆者"目的不过在于经商"的固有印象。⑤如果说《强学报》是一个开端,那么继之而起的《时务报》则迅速在读书人中引起了巨大反响。⑥尽管上海已是舆论重镇,但在甲午至戊戌年间,全国已形成多个舆论中心——北京、长沙、天津也已发展为舆论传播的重要阵地。北京的《中外纪闻》甚至早于《强学报》问世,而长沙时务学堂的日常教学和问答中,更是汇集了大量激烈言论。⑦

不过,戊戌政变后,随着维新变法的失败,除上海外,各地舆论迅即陷入万马齐喑的境地。直至清廷垮台之前,上海几乎成为维系全国公共舆论的唯一重镇。而吊诡的是,使上海成为全国公共舆论中心力量的,正是其特殊的"一市三治"格局及其衍生出的政治"中间地带"。新式知识人士正是在这一权力缝隙中得以抗衡清廷的压力,而继续鼓荡

---

① 关于沪上舆论对于全国的影响,张之洞也注意到"乙未(1895 年)以后,志士文人创开报馆,广译洋报,参以博议,始于沪上,流衍于各省。内政、外事、学术皆有焉……于是一孔之士、山泽之农,始知有神州"。张之洞:《劝学篇·阅报》,赵德馨主编,吴剑杰、薛国中、彭忠德等点校:《张之洞全集》第 12 册,武汉出版社 2008 年版,第 179 页。
② 《开设报馆议》,《强学报》,1895 年 1 月 12 日,第 3 页。
③ 秦绍德:《上海近代报刊史论》,第 42 页。
④ 戈公振:《中国报学史》,第 102 页。
⑤ 胡道静:《上海的日报》,上海市通志馆 1935 年版,第 37 页。
⑥ 《时务报》由黄遵宪、汪康年、梁启超等人利用强学会余款在沪创办,于 1896 年 8 月 9 日创刊,至 1898 年 8 月 8 日停刊,共出 69 册。关于该报在读书人中引发的反响可参见潘光哲:《〈时务报〉和它的读者》,《历史研究》2005 年第 5 期。
⑦ 关于时务学堂的激烈言论,可参见[美]周锡瑞著,杨慎之译:《改良与革命——辛亥革命在两湖》,中华书局 1982 年版,第 14—20 页。

舆论思潮。①

戊戌政变后,康有为受到清廷通缉,慈禧太后更是下令将其"就地正法"。在此危急关头,康有为避走上海,并获得英国领事馆庇护,由英国舰船"巴拉勒特号"(Bollarat)护送至香港。② 另一位维新重要人物黄遵宪亦被通缉。当时,黄氏正滞留上海,清廷虽欲逮捕之,然租界当局以"保护国事犯"为由拒绝引渡,终使其免遭于难,"自是人人视上海为北京政府权力所不能及之地"③。

需要指出的是,当时上海的主流报刊,诸如《申报》《时报》《时事新报》《中华新报》《亚洲日报》等多是在日本领事馆注册,《新闻报》则注册于美国领事馆。④ 上海不仅成为清廷流亡者逃向海外的一个中转地,也成为清廷通缉犯的避风港。各类革命报刊与书籍得以在上海出版或输入,正得益于这一特殊格局。熊月之曾估算,"戊戌变法期间,上海新型文化人约1200名,到1903年增加到3000人,1909年增加到4000人"⑤。此风既开,便成不可遏制之势。在甲午战败、戊戌政变和庚子事变的连续冲击下,清廷权威不断削弱,尤其在上海租界,清廷更是力所不能及,新式知识人遂得以在庙堂之外建立声望。上海则成为这帮新式知识人的重要聚集地,从反对"己亥建储"、发起拒俄运动,到组织抵制美货运动与国会请愿运动,各种与清廷立异的言论,或来自上海租界中的报馆,或从日本等地辗转传入,上海始终处于国内舆论的中

---

① 1853年,上海小刀会起义爆发,彻底打破了上海"华洋分治"的原有格局。随着大批华人涌入租界,"华洋杂居"的特殊景象逐渐形成。此后,列强以应对局势为由趁机扩张权力,于1864年创设公审公廨制度,逐步攫取司法主权。直至1899年,"英美租界"正式更名为"上海国际公共租界"(international settlement),上海正式形成"公共租界""法租界"和"华界"的区分,从而奠定了"一市三治"的格局。详见熊月之、周武主编:《上海:一座现代化都市的编年史》,上海书店出版社2009年版,第201—225页。
② 具体参见茅海建:《戊戌变法史事考》,生活·读书·新知三联书店2005年版,第496—500页;康有为著,钟叔河、杨坚校点:《欧洲十一国游记二种》,岳麓书社1985年版,第32页。
③ 蔡元培:《读章氏所作〈邹容传〉》,高平叔编:《蔡元培全集》第1卷,中华书局1984年版,第400页。
④ [美]顾德曼:《上海报纸的跨国现象》,马长林主编:《租界里的上海》,上海社会科学院出版社2003年版,第107—121页。
⑤ 熊月之:《略论晚清上海新型文化人的产生与汇聚》,《近代史研究》1997年第4期。

心地位。①

在这股舆论的激荡中,清廷权威常被边缘化,而浸润于这种舆论氛围中的新式学堂读书人,也逐渐自觉地完成了从"臣民"到"国民"的身份转变。②从这个意义上讲,《时报》《新民丛报》等维新派报纸给当时的年轻辈读书人留下了不可磨灭的印象。③胡适在《十七年的回顾》中评价到,《时报》的"内容与办法也确实能够打破上海报界的许多老习惯,能够开辟许多新法门,能够引起许多新兴趣。因此《时报》出世之后不久就成了中国知识阶级的一个宠儿",以致他"在上海住了六年,几乎没有一天不看《时报》的"④。而梁启超等人在日本横滨创办的《新民丛报》则影响更巨。据梁氏自述:"《新民丛报》《新小说》等诸杂志,畅其旨义,国人竞喜读之;清廷虽严禁,不能遏……二十年来学子之思想,颇蒙其影响。"⑤

由于无力干预租界内的权力运作,也无法有效遏制舆论的激烈化倾向,清廷转而采取查禁报刊的手段,试图压制那些在其看来"放肆蜚语,昌言无忌……扰害大局,耸人观听,借广销场"的报章言论,认为如此方能"使无人阅其报纸,彼必支持不住,不难立即闭歇"。⑥ 然而,这种政策不仅激起舆论激愤,更招致知识群体无情的讥笑。⑦ 讽刺的是,在舆论激荡中,清廷原本试图压制的新式舆论,最终竟迫使它在立

---

① 上海不仅成为《清议报》《新民丛报》等维新派报刊的中转地,同时也是《国民日日报》《民报》等一系列革命派报纸的出版地。革命党和立宪派的论争也由日本传到上海,再散及全国。

② 具体参见桑兵:《晚清学堂学生与社会变迁》,学林出版社1995年版。

③ 《时报》于1904年在上海创刊,主持人为拥有举人头衔的狄楚青。狄氏曾留学日本,与唐才常交好,曾参与庚子勤王,事败后"灰心武力运动",转而致力于"文字上之鼓吹"。《时报》对一代人影响亦颇深。关于时报与晚清政局的关系,参见 Judge, Joan. *Print and Politics*:*"Shibao" and the Culture of Reform in Late Qing China*,Stanford:Stanford University Press,1997.

④ 胡适:《十七年的回顾》,欧阳哲生主编:《胡适文集》第3册,北京大学出版社1998年版,第313页。

⑤ 梁启超撰,朱维铮导读:《清代学术概论》,上海古籍出版社2019年版,第139页。

⑥ 《南洋大臣魏光焘致外务部咨文》(1903年9月29日),付美英、方裕谨:《辛亥革命前清政府对革命书刊的封禁》,《历史档案》1982年第2期。

⑦ 《江苏》便讥笑这类行为除激发"民族主义"和重演"露西亚之历史"外别无他用。参见内国时评:《咄!咄!!大清海关不收〈新民丛报〉大清邮政局不送〈国民日报〉》,《江苏》1903年第6期。

宪话语中不得不援引甚至部分接纳新知识群体的话语逻辑。

在清末十余年的舆论浪潮中，引领思潮的多为从传统功名体系嬗变而来的名士。① 这类群体大多通过科举制度构建起整体性的知识背景与论说技巧，同时又吸纳部分新学知识，形成半新不旧的知识结构。这种知识结构的局限性主要体现为思想层面的浅率化特征。对此，梁启超本人曾有过深刻反省。他在回溯晚清思想界时坦言："晚清思想界之粗率浅薄，启超与有罪焉。"② 这句自我检讨既是任公对个人过往言论的深刻检视，也隐含着对晚清"士议鼓荡"风潮中充满情绪性愤激话语的批判性反思。

在清末思想转型的历史场域中，相较于康有为、梁启超等人高屋建瓴式的政治文化擘画，多数边缘读书人所感知的现实图景更为具象。他们所看到的，不是思想体系与制度设计的宏大蓝图，而是科举之外的另一条谋生之路——从上海等通商口岸买几本新书、读点新式报纸后，仕途受阻的边缘士人便将自身一知半解的"新知"转化为谋生手段。这类被称为"维新文"的写作逐渐形成一套固定范式，其语言往往存在着对"新政""改良"等新名词的机械性套用。③ 正因如此，对于胡适等更具思想抱负和批判意识的新一代读书人而言，梁启超所开启的知识启蒙固然具有重大意义——其思想曾将他们"带入全新的精神境界"，却也暗含着历史的局限性。胡适敏锐地察觉到，这种启蒙仍然处于进行时：它虽打开了一扇通往"一个未知的世界"的大门，却在此关键处戛然而止。④ 也正因此，当新一代读书人在"推翻帝制"后的时代语境中建构

---

① 关于清末士人与舆论鼓动的代表性研究，可参见杨国强：《晚清的清流与名士》，《史林》2006 年第 4 期；唐小兵：《清议、舆论与宣传——清末民初的报人与社会》，《华东师范大学学报（哲学社会科学版）》2010 年第 6 期；黎藜：《制造舆论：清末知识人的社会运动——以 1905 年广州反美拒约运动为考察对象》，《新闻与传播研究》2023 年第 10 期。

② 梁启超撰，朱维铮导读：《清代学术概论》，第 145 页。

③ "维新文"系胡适讥讽语，然于此可窥出彼时铺天盖地的报刊均宣传维新并以此谋生的现状。胡适：《四十自述》，第 46—60 页。

④ 胡适回忆道："梁先生的文章，明白晓畅之中，带着浓挚的热情，使读的人不能不跟着他走，不能不跟着他想。有时候，我们跟他走到一点上，还想往前走，他却打住了，或是换了方向走了。在这种时候，我们不免感觉一点失望。但这种失望也正是他的大恩惠。因为他尽了他的能力，把我们带到了一个境界……他引起了我们的好奇心，指着一个未知的世界叫我们自己去探寻，我们更得感谢他。"参见胡适：《四十自述》，第 54 页。

起新的价值认同时，梁启超逐渐被定格为一个"旧人物"，如同书页中那片若隐若现的黄渍，虽承载着启蒙的历史印记，却在新思潮的冲刷下显得陈旧而疏离。"过渡式"人物的历史困境或许正在于此：他们开启了新时代的门径，却最终为自己开启的新时代浪潮所超越。

相反，与清末思想鼓荡并存的，是上海作为全国公共舆论中心地位的日益凸显。尽管公共舆论市场常常充斥着浅薄与夸饰乃至意气之争和派系纷争，但报刊传媒正是在此转换过程中得以逐渐普及，使得一批脱胎于传统功名路径的读书人逐渐完成了向新式知识人的转变。更重要的是，这种舆论格局的演变促使朝野权力结构发生了深刻变化，尤其在清末自治运动开启后，地方督抚与谘议局领袖之间，在讨论改良相关议题时已开始使用同一套话语。①

当然，这种表面一致的言说范式背后，实则潜藏着不同的政治立场与理解维度；但无论其内在指向如何，这种新表述方式的出现，已然昭示着晚清上海租界所孕育出的言论风格，在潜移默化中逐渐渗透至清朝官僚机构的话语体系。

---

① 比如"国家""国民"等名词，在清廷看来不外乎原有"朝廷""臣民"的对应词；而"自治"一词，清廷更严格限制了其使用范围，仍不外乎"上下相通"的路子。不过，在庙堂之外的士人，哪怕是温和的立宪派人士眼中，"国家""国民""自治"等词的含义均明显超出了清廷所设的范围。具体参见周松青：《上海地方自治研究（1905～1927）》，上海社会科学院出版社 2005 年版。

第二章 "江苏上海人"的地域认同

DI ER ZHANG

第二章 "江苏上海人"的地域认同

> 要之通商以来,上海上海,其名震人耳目者,租界也,非内地也;商埠也,非县治也。岂非所谓喧宾夺主耶?抑非所谓相形见丑耶?而吾上海之人,数十年来,处之夷然,安之若素,面不赧而心不惭,形若睡而神若醉。①

以上所引为清末李平书在论证上海自治合法性时的言论。李氏此文意在振聋发聩,言语中不免有耸动之词,但其揭示的历史现实却不容忽视:清末上海已呈现出两个迥然有别的世界——"租界"与"内地"、"商埠"与"县治"的截然两分。事实上,租界在晚清上海士人眼中逐渐成为衡量文明尺度的一个标杆,而"通埠"与"县治"的双重属性,对居于上海的人士来说更是自我身份界定的一重障碍。究其原因,上海作为通商口岸与繁华洋场,地位举足轻重,但其"县邑"的行政属性并没有改变。随着上海的崛起,其影响力早已超越省会苏州,由此衍生出一个值得深究的问题:在上海知识群体中,对江苏行政隶属的认同是否已出现松动与裂痕?

第一节 李平书的科举生涯及交游

明洪武三年(1370 年),明太祖颁诏定科举为永制,并将学校纳入科举系统,后逐步"将八股文作为一种固定的考试文体,并在南北分卷制度的基础上,形成分区域配额取士的格局"②。清承明制,读书人的

---

① 李平书:《论过去之上海》,《新上海》1925 年第 6 期。
② 刘海峰、李兵:《中国科举史》,东方出版中心 2006 年版,第 272 页。

籍贯严格限定了其应试的州县归属，也决定其所属的学额和学籍。在由州县至省府、再到京师的层级科举体系中，士子身份与地域之间的联系日益紧密，以地域为纽带的会馆往往成为士子寄寓、交游的重要场所，使籍贯与同乡的关系具备了实质性的社会功能。苏州人包天笑的经历即为典型例证。据包氏《钏影楼回忆录》记载，应考士子在异乡租住考寓时，常常凭借同乡身份获得房东的特殊照顾。① 在李平书的科举生涯中，亦可见"同省""同郡""同邑"的认同层级区分："同邑"作为地域认同的起点，构成最紧密的联结；而向上延伸至"同郡""同省"时，认同虽渐趋模糊，却仍具有不同程度的关联。

李平书自6岁入塾，受教于孙喜侯、孙端友、陆卓夫、朱麓春、陆枢庭诸师②，早年求学足迹始终未超出宝山县范围。不难想见，若非因为"家中嗷嗷六口，无以度日"，彼时年仅15岁的李平书或许不会"弃读习贾"赴上海学习做生意，而是继续在宝山求学，循着父亲的轨迹，以"宝山民籍"的身份走科举之路。直到1868年，在其伯父的劝说下，李平书重拾学业，留沪"从曹馨山师学文"。③ 曹馨山为上海人，邑庠生，是李平书的首位上海籍业师。次年，李平书又师从南汇陆子喈（陆应梅）学习。

1869年春，李平书以"上海民籍"身份应童生试，历县试、府试、院试三级考核，最终"获入县庠第十九名"，正式跨进科举门槛。④ 值得注意的是，彼时其父李炳铨的籍贯隶属宝山县，而李平书却以"上海人"身份应试。这一差异在其晚年《自叙》中未作深究，仅以祖父"析居宝山县高桥镇"为由，解释父亲因生于宝山而入"宝庠"，而自己因读书于上海，乃得以"占籍上海"。⑤ 然而，这一说法明显与清代籍贯

---

① 包天笑凭借同乡身份，从在上海的苏州同乡处以较低的价格租到了房子。参见包天笑：《钏影楼回忆录》，香港大华出版社1971年版，第315页。
② 据载，李平书的启蒙业师孙喜侯为宝山人，监生，五品衔候选州同知；孙端友为宝山候选同知；陆卓夫为宝山县廪膳生；朱麓春为宝山庠生；陆枢庭为宝山廪膳生。参见顾廷龙主编：《清代硃卷集成》第371册，台北成文出版社1992年版，第283—307页。
③ 李平书著，方尔同标点：《李平书七十自叙》，上海古籍出版社1989年版，第12页。该书原名为《且顽老人七十岁自叙》，现名《李平书七十自叙》为编者所改。未免行文冗杂，下文简称《自叙》。
④ 李平书著，方尔同标点：《李平书七十自叙》，第12页。
⑤ 李平书著，方尔同标点：《李平书七十自叙》，第9、73页。

制度不符。① 李平书 1885 年参加江宁优贡试的考卷履历，揭示了其"占籍上海"实乃冒籍行为。他在考卷中自称"上海李钟珏"，并在交游与师承关系的描述中严格区分"上海"与"宝山"：将"同邑"专指上海士人，称宝山人为"苏属同乡"。此外，为了照应其上海"民籍"的身份，他将李氏宗族在上海的足迹追溯至"高高祖"李燦成，称其"从苏州府始迁上海县"，而对其父的记载则仅称颂其孝善，绝口不提其"宝山县民籍"身份，显系有意回避。②

相较之下，在《自叙》中，李平书明确承认其父为"宝山人"，并指出其孝善事迹载于"宝山县新旧志书"，这与他在优贡卷中刻意回避的态度形成鲜明对比。③ 实际上，这种叙述的矛盾贯穿全文：在优贡卷中，他隐去了自曾祖李春江起家族从上海"析居宝山"的事实；而在《自叙》中却毫不避讳这一信息，似乎全然不在意这种籍贯转换可能带来的身份争议。不难看出，面对官方严格的科举审核，李平书在优贡卷中选择避重就轻，通过选择性叙事规避"冒籍"之嫌。④ 在家族记忆与个人经历的交织中——既有源自苏州的遥远祖籍，又有宝山的成长印记——李平书最终在苏州、宝山与上海的认同中选择了后者，并自称为"上海李锺珏"。这一身份认同的转变，既迫于现实情境的制约，也与其在上海学习与成长经历密不可分。⑤

尽管存在"冒籍"之嫌，李平书仍成功考取优贡。由此可以推知，

---

① 清代对科举籍贯的管控非常严格，严禁随意变更籍贯。据清代《钦定科场条例》规定，李平书的行为显属冒籍——因其父已入宝山县籍，按制度他理应承袭父亲的籍贯，不得随意更改。参见《钦定科场条例》卷 35《冒籍》，沈云龙主编：《近代中国史料丛刊》三编第 48 辑，台北文海出版社 1989 年版，第 2587 页。

② 顾廷龙主编：《清代硃卷集成》第 371 册，第 283 页。

③ 李平书著，方尔同标点：《李平书七十自叙》，第 10 页。

④ 清代对于冒籍的惩罚向来很重，张謇便曾因此饱受苦头。可参见刘成禺撰，钱实甫注解：《世载堂杂忆》，中华书局 1997 年版，第 95—96 页。

⑤ 当然也存在另外一种面向：许多人在离开家乡多年后，依然保持着原乡认同。以包天笑为例，他自 1902 年离开苏州，此后在上海定居四十余年，却始终将上海视为客居之地，内心深处仍维系着强烈的苏州认同；但由于久居上海，他也能以"上海人"的身份应对来自苏州方面的请求。此外，更有不少人因父辈迁移而出生在异地，他们同样保持着原乡认同，或至少同时拥有新居地与原乡的双重认同。参见包天笑：《钏影楼回忆录》；王东杰：《"乡神"的建构与重构：方志所见清代四川地区移民会馆崇祀中的地域认同》，《历史研究》2008 年第 2 期。

这种为避免"冒籍"可能带来的惩处而采取的叙述策略，早在他踏入科场之初便已存在。正如前文所述，1869年，年仅15岁的李平书顺利考中了秀才。这一时间节点，不仅是其举业生涯的起点，更标志着其人生轨迹的重要转折，其中有两点值得特别关注：一方面，考中秀才即意味着李平书正式"入庠"，进入朝廷认可的官学体系，从而摆脱了此前限于私塾的相对封闭与局限的环境；另一方面，入庠也意味着，在接下来长达二十余年的科举生涯中，他若想进一步求取功名，就必须应付诸如科试、岁试、乡试乃至会试等各种级别的考试。而这一系列的科考活动，不仅推动李平书的活动范围逐渐扩大，跨越县、府的地域界限，而且往往因为需要前往南京参加乡试，乃至远赴北京应试，其足迹超出"苏属"甚至"苏省"的行政边界。

幸运的是，在李平书长达二十年的科举生涯中，李氏家族多次支持他南北奔走，往返于南京、北京等地应试。尽管每次考试结果未必尽如人意，但在持续应考的过程中，"同乡"观念的流动性得以清晰体现。事实上，李平书逐渐突破了对县邑籍贯的固守，在交游网络中开始将"府""省"等行政单位视为可延展的"同乡"范畴，展现出地域认同从县邑到府省的逐级扩展态势。

伴随着科举历程的推进，李平书的交游圈子得以迅速拓展。其中，最为明显的转折，在于他从"私塾"向"书院"的跃升。如果说此前李平书的交游对象大多局限于私塾中的数位亲戚与学友，那么在考中秀才进入书院学习后，他的交游范围便大大增加。起初，他参与敬业和蕊珠两书院的月课，在此期间结识了张子雍①、徐咏梅、苏履生、丁牧生②、杨爱棠、杨耀珊③、苏稼秋、苏梦渔、苏朗山④、王西疃、徐醉六、吴镜芙等友人。这些人多为上海本地士子，部分虽非上海本地人，但因寄

---

① 即张刚，字子雍，川沙人，上海邑庠生，太平天国时期时迁居上海。参见民国《上海县志》卷15《人物》，第13页。
② 即丁兴民，上海人，邑增庠生。参见顾廷龙主编：《清代硃卷集成》第371册，第288页。
③ 杨爱棠、杨耀珊为兄弟，上海人。其中杨德镕字仲琪，号耀珊，光绪十五年（1889年）进士。参见民国《上海县志》卷15《人物》，第36页。
④ 苏稼秋、苏梦渔、苏朗山三人俱为兄弟，上海人。其中苏稼秋即苏绍柄，字嫁秋，邑庠生。参见民国《上海县志》卷15《人物》，第34页。

第二章 "江苏上海人"的地域认同

籍上海已久,已然成为地道的上海人。由此,李平书所融入的社交网络,逐渐呈现出以上海籍士人为核心的交游特征。

1873年,李平书与苏履生、张子雍等友人"假也是园蓬山不远斋读书",并"结蓬山不远文社,邀请名儒汪逸如①先生评阅""一时名流咸集"。在文社诸多同人之中,李平书对王耘云(谱兄)②尤为敬重,称其"每课必到,恒冠全军",可见其对勤勉同侪的肯定。③

同年冬天,上海龙门书院按例招生,凡松江府、太仓州、苏州府的童生、贡生、举人皆可应试,书院录取名额约30名。④当时龙门书院山长为宿儒刘熙载。刘氏虽宗程朱之学,学术视野却极为宏阔,兼采陆王与诸子百家之说,并无门户畛域之见。⑤因此,龙门书院主张"经义"与"治事"并重,尤其推崇经世致用之学,院中藏书除传统典籍外,亦不乏各类翻译的西书。⑥最终,李平书以第四名考入这所"甚负时望"的书院,此后在院中不仅研习经学,更于词章、史学、诗文间领略学问之乐。⑦在龙门书院求学期间,李氏与张经甫⑧探讨舆地之学,渐得要领;与葛子源⑨、姚子让⑩讨论掌故之学,而葛姚二人"皆精研

---

① 即汪人骥(1821—1893),安徽巢县人,后迁居上海。
② 即王庆平,原籍浙江诸暨,字耘云。1889年,考取内阁中书,次年成进士,改庶吉士。1895年,考取军机章京。宣统元年(1909年)曾任山西按察使,后升布政使。民初续修《上海县志》期间被推为总阅全稿,始归里居城南。具体参见民国《上海县志》卷15《人物》,第16—18页。
③ 李平书著,方尔同标点:《李平书七十自叙》,第12—13页。
④ 据同治《上海县志》载:"院中肄业诸生,额共三十名。每年十一月,由道台甄别"。参见同治《上海县志》卷9《学校》,台北成文出版社1975年影印版,第695页。
⑤ 刘熙载的学术取径向被视为无汉、宋门户之见。《清史稿·儒林传》谓刘氏曾言其与好友倭仁的治学旨趣的不同在于"倭仁宗程、朱,熙载则兼取陆王"。此外,龙门弟子胡传也记述"先生教人学程朱之学,以穷理致知躬行实践为主。兼及诸子百家,各取其所长,毋轻訾其所短。不许存门户畛域之见"。参见《清史稿》卷480列传267《刘熙载》,中华书局1977年版,第13158页;胡传:《钝夫年谱》,欧阳哲生编:《胡适文集》第1册,北京大学出版社1998年版,第468页。
⑥ 徐林祥:《融斋龙门弟子与中国早期现代化》,《史林》2006年第5期。
⑦ 柴小梵:《梵天庐丛录》卷17《龙门书院》,山西古籍出版社1999年版,第607页。
⑧ 即张焕纶(1846—1904),字经甫,号经堂,上海人。
⑨ 即葛士浚(1848—1895),字季源,号子源,上海人。肄业于上海龙门书院,沉潜好学,留心世务。编有《皇朝经世文续编》,自称"上海葛子源"。
⑩ 即姚文栋,姚文楠兄,上海人。

掌故者"。① 此种以兴趣和学问为纽带的交游模式，亦象征着李平书正式突破上海籍贯的限制，踏入更为广阔的士林世界。

1882年，因祖母去世，李平书暂别科举仕途，转而潜心钻研经世致用之学。② 翌年，蔡尔康自《申报》辞职，转任新成立不久的《沪报》③主笔。甫一上任，蔡尔康便向李平书发出邀约，李氏欣然赴任，自此"日著时事论一篇"。与他共事的有苏稼秋、王西蘧、黄子元等人④，其中苏、王二人俱为李氏旧识，他们交情匪浅，合作自然融洽。《沪报》因附属于上海重要英文报纸《字林西报》（The North-China Daily News），故常能比竞争对手《申报》提早一两日获得海外电讯，凭借信息灵通的优势，报纸销量颇佳。⑤ 在报馆任职期间，李平书不仅创作了《中日固交以据俄论》《御外策》《自强本末议》等政论文章，还积极投身上海市政事务，聚焦卫生、消防、防疫等公共事业。⑥ 例如，他与同乡姚安古等人有感于租界自来水厂落成带来的便利，计划在沪城筹建华人自来水厂，却因"守旧者众，无人赞同"而归泡影。不过，在数年的报馆生涯中，李氏留下了诸如《租界禁夜市夜行说》《论路灯》《再论野鸡马车之害》《论巡捕保护街道》《论禁沿河居民污秽河水》等市政建设方面的文章。⑦

李平书参与市政的行为及其言论主张，显然与其龙门书院的教育经历密不可分。从整体上看，李氏的理念与刘熙载所言"为学当求有益于身，为人当期有益于世。在家则有益于家，在乡则有益于乡，在邑则有益于邑，在天下则有益于天下，斯为不虚此生，不虚所学。不能如此，

---

① 李平书著，方尔同标点：《李平书七十自叙》，第13—16页。
② 李平书著，方尔同标点：《李平书七十自叙》，第17页。
③ 《沪报》，创刊于1882年5月18日，同年8月10日更名为《字林沪报》，1899年12月31日停刊。蔡尔康主编期间《沪报》的相关情况可参见马光仁主编：《上海新闻史（1850—1949）》，复旦大学出版社2014年版，第85—90页。
④ 李平书著，方尔同标点：《李平书七十自叙》，第17页。
⑤ 马光仁主编：《上海新闻史（1850—1949）》，第87页。
⑥ 冯绍霆、杨天亮：《李平书时事论十二篇》，《档案与史学》1994年第1期；熊月之：《论李平书》，《史林》2005年第3期。
⑦ 李平书著，方尔同标点：《李平书七十自叙》，第17页；黄健美：《上海士绅李平书研究》，复旦大学博士学位论文，2011年，第28页。

即读书毕世，著作等身，亦无益也"①　颇为契合。据此可见，在传统籍贯观念与流动的同乡认同之外，士人往往会将乡邑与天下相联结，进而在二者之间从容转换，展现出士人自我身份意识的多重维度。

此外，在应试历程中，李平书往返于南京与北京的经历，亦为其人生增添了别样体验。这种因科举而展开的空间流动，不仅持续拓展着他的思想格局与视野维度，更使他原有的同乡意识得以突破地域边界，逐渐演化为一种更具延展性的跨地域身份认同。

1870年，刚考取秀才的李平书第一次赴江宁参加乡试。据其自述，彼时他"茫茫然不知功名为何物"，显然对漫长的科举之路尚未做好准备。②　此次乡试，其同行者多为师长辈，如顾厚斋③等，另有新结识的上海籍同学张刚。一行人寄宿于南京江南贡院附近的奇望街。由于全无乡试经验，李平书对落榜并未过多介怀，返回上海后"仍于原处课徒"，生活一如往常。④　及至下一科乡试，李平书依然"随顾师诸旧侣赴宁省市"，此次一行人选择投宿于距离江南贡院不远的淮清桥东。然而，此次乡试，年逾五十的顾师得中举人，李平书等人却再度名落孙山。李氏虽为顾师感到高兴，但内心亦不免有些失落。⑤　而就在这一年的冬天，李平书考入上海龙门书院，学业得以精进，交游圈也随之拓展了许多。

因此，光绪元年（1875年）恩科乡试时，李平书再度前往南京。此时同行的伙伴已全然更新——不再是旧日师友，而是新结识的耿伯齐⑥、耿仲宣昆仲。应试结束后，受耿氏兄弟伯父耿思泉⑦的邀请，李平书随二人游历南京、镇江、苏州、青浦等地。途中他们观览景致、议论时局，颇有文人指点江山的意趣，直至9月30日才返回上海家中。⑧

次年（1876年），李平书首次跨出江苏省界，赴北京应顺天乡试

---

① 胡传：《钝夫年谱》，欧阳哲生编：《胡适文集》第1册，第474页。
② 李平书著，方尔同标点：《李平书七十自叙》，第29页。
③ 即顾谦，字敦礼，号厚斋，上海人，同治癸酉举人。参见民国《川沙县志》卷16《人物志》，1936年刊本，第2页。
④ 李平书著，方尔同标点：《李平书七十自叙》，第13页。
⑤ 李平书著，方尔同标点：《李平书七十自叙》，第13页。
⑥ 即耿葆清，光绪己酉科拔贡。参见翁同龢著，陈义杰整理：《翁同龢日记》第4册，中华书局1989年版，第2041页。
⑦ 即耿苍龄，字思泉，晚号黄庵退叟，江苏华亭人。
⑧ 李平书著，方尔同标点：《李平书七十自叙》，第14页。

(北闱)。船抵津沽后,李氏与同邑瞿鼎卿、谱弟庆贤同行入京,三人寓居于崇文门内苏州胡同的三元寺。苏州胡同肇始于明代,原为苏州工匠、商贩、船民在京聚居之地,后逐渐演变为江南人士在京落脚的主要场所之一。① 因乡谊所系,李平书在京期间,与南汇王牧臣、奉贤阮藕汀、金山徐古艿、青浦席伯翰②等"松属同乡"交往甚密。尤其经席淦引荐,李氏结识了左秉隆和汪凤池、汪凤藻兄弟等人,与瞿鼎卿等沪上友人义结金兰。此中除左秉隆为广州人外,其余皆为苏属士人。

三年之后,李平书再赴南京应江南乡试,同行者为苏履生、丁牧生、杨爱棠、杨耀珊等人,这些人皆是其上海旧友。此次科考,好友杨耀珊荣登经魁,李平书则"荐而未售"。遭此挫败,李平书曾经以为功名"如一矜之唾手可得"的豪气锐减。乡试归来,李氏仍于龙门书院业课。次年,刘熙载因患病辞去讲席,"回籍养疴",书院遂更换新山长。因为书院的人事变动,李平书正式决定不再寄宿书院。此后两年间,刘熙载与李氏祖母先后病故,李平书一面守丧,一面深感中举遥遥无期,遂暂时搁置举业,转而"专求经世之学"。③

直至1885年,时隔六年之后,李平书方与"同邑张经甫""华亭陈菊生"等人代表松江府属赴南京应优贡试。④ 此次应试,李氏终于高中第五名⑤,迎来科举生涯的转折。此后他再度参加乡试,却因调卷环节的波折而未能中举。据何炳棣研究,清代贡生与举人均属上层绅士群体,是读书人实现社会流动的关键阶梯——按清代选官制度,具备上述两种功名之一的士人,便能获得出任教谕等下层官员的资格。⑥ 获得贡生身份后的李平书意气风发,对未来不免生出更多憧憬。同时,清制规

---

① 李平书著,方尔同标点:《李平书七十自叙》,第15页。
② 即席淦,原名裕宗,字翰伯,先后毕业于上海广方言馆、京师同文馆,后为天文馆总教习。参见民国《青浦县续志》卷末《附编》,1934年刊本,第6页。
③ 李平书著,方尔同标点:《李平书七十自叙》,第17页。
④ 优贡名额有限,江南共计6名,包括江苏、安徽两省。参见徐珂:《清稗类钞》第2册,中华书局1984年版,第623页。
⑤ 其他几人分别为常州阳湖的陆景舆、安徽凤阳府寿州的朱正祁、江宁府江宁县的魏家骅、江宁府上元县的周钺及江标(光绪年间进士)。参见顾廷龙主编:《清代硃卷集成》第371册,第293页。
⑥ 何炳棣著,徐泓译注:《明清社会史论》,台北联经出版事业股份有限公司2013年版,第226页。

定新拔优贡"均须赴学院填写亲供，领照赴都"，江苏学政按临苏州，李平书遂赴苏州谒见，寄居于同科优贡江标家中。①

1886年，时隔十载的李平书再度入京参加"太和殿考试"，寄宿于松江会馆。此次北行，他得以与"翰伯、药阶、芝房"等故交重叙旧谊。十年间，昔日同窗已各有境遇：左子兴已"任新嘉坡领事"；汪凤藻"举京兆""入词林"，官运亨通；"翰伯、药阶亦已晋级"。反观李平书，此前数载科举不顺，"侘傺如故""青云难至"，常有"良友相见无期"之感慨，不时有"愧愤"之情。② 此番李氏以新科优贡之身与旧友重聚，心情愉悦，不复昔日愧愤之色，自然也能从容把酒言欢了。③ 此次选拔考试李平书终以第十名的成绩获"知县见用"，可谓不虚此行。同年十二月，李平书即赴粤东省城观风，初抵广州时寓居"同邑张逸槎世兄公馆"。④

1888年至1889年间，李平书先后赴南京应乡试、赴北京应京兆试，均未中第。其应京兆试时仍寓居松江会馆。至1889年十月掣签，李平书得以签分广东省，遂"整装赴粤"，到广东后便下榻江苏会馆。自此，李平书正式开启仕途生涯，自谓"从此脚靴手版，无复玉堂金马之梦矣"⑤。在粤任官期间，李平书的交游对象仍以苏属同乡为主。据李氏自述，其交往人物主要包括同邑祁翰生、王耜云，崇明施列仙、施雯人兄弟及冯棣生，苏州彭蓉卿、季群、邹建东、吴受之、王铭新，元和汪兰楣，太仓钱芙初与钱朴儒兄弟、李子周，华亭费守梅，南汇王召棠等人。⑥ 这些人或途经广东，或在粤任职，与李平书的交游无不以乡谊为首要纽带。

从宝山私塾步入沪上著名书院，再到其应试轨迹沿上海—松江—南京—北京延伸的历程中，可清晰窥见李平书"同乡"观念的动态演变。

---

① 李平书著，方尔同标点：《李平书七十自叙》，第19页。
② 李平书著，方尔同标点：《李平书七十自叙》，第21页。
③ 关于此次重聚，郑逸梅曾有生动描述："当时与平书通谱者……诸子或举京兆，或供职内翰，平书深以侘傺自嗟。后以优贡北上，以应廷试，与诸子重叙旧情，始展眉色喜，盖禄仕之念甚切也"。参见郑逸梅：《近代野乘》，新中书局1948年版，第75页。
④ 李平书著，方尔同标点：《李平书七十自叙》，第20页。
⑤ 李平书著，方尔同标点：《李平书七十自叙》，第29页。
⑥ 李平书著，方尔同标点：《李平书七十自叙》，第30页。

李氏虽自视为"上海人",但在其认知中,"上海"终究属于"县邑"范畴。随着交游范围的拓展,他的"同乡"概念不断扩容——从"同邑"升格为"松属同乡",乃至"江苏同乡"。其侨寓异地时的居所,除临近考场的考寓外,无论是苏州胡同、松江会馆还是江苏会馆,皆未脱离同乡网络的辐射范围。

值得注意的是,在这一以"乡谊"为基础生成和扩展的同乡网络中,"华人""中国"等身份标识已在李平书身上打下了烙印。相较于后来的梁启超,李平书等早期士人已初步将清朝置于万国序列之中。例如,李氏在其政论文章及《新嘉坡风土记》中,已经关注到中国在世界版图中的位置,显露出对天下局势的整体性认知。① 李氏的思想呈现出双重面向:一方面他心系"乡邑",保有强烈的原乡认同;另一方面,"以天下为己任"的"天下士"观念亦在其心中根深蒂固。这种双重认同使传统读书人得以在"一邑"与"天下"的认知维度间进退有度、游刃有余。②

然而,当观念投射到现实层面,却往往呈现出复杂的面相。尽管李平书亦寄居"苏州胡同""江苏会馆",但其实际交往对象多限于苏属同乡(江苏布政使下辖三属),与宁属士人往来不多。不可否认的是,清代宁属与苏属常被称为"一省两个世界"。③ 直至清末十年间,在大名鼎鼎的《时报》馆息楼中,主创人狄楚青作为宁属溧阳人,因"与上海的松江、苏州、常州等地士人不大融洽",不常涉足息楼。相较之下,在息楼中谈笑风生者多为苏属士人,如沈恩孚、袁希涛、黄炎培、龚杰、史量才、吴馨、朱少屏、杨白民、杨廷栋等。④ 由此可见,这种"一邑"与"天下"的张力,不仅长期构成士人立身进取的精神基石,更成为维系传统城乡社会流动稳定的重要机制。

然而,至清末十年,这种以乡土为根基建构的天下观,在外来"民

---

① 参见朱杰勤:《〈新加坡风土记〉的作者李锺珏》,《暨南学报(哲学社会科学版)》1986年第3期;李锺珏:《新嘉坡风土记》,南洋书局有限公司1947年版。
② 钱穆:《国史新论》,生活·读书·新知三联书店2001年版,第175—189页。
③ 瞿骏:《入上海与居上海——论清末士人在城市的私谊网络(1895—1911)》,《史林》2007年第3期。
④ 包天笑:《钏影楼回忆录》,第329—333页。

族""国家"等概念的冲击下,逐渐演变为"中国"与"世界"这类表述清楚、界限自明的限定性概念。① 在这一话语转向中,"一邑"与"天下"的传统关联,逐渐为新的"乡"与"国"叙事所取代。进言之,表述日益清晰化的同时,亦衍生出新的悖论:在"国家"的强势话语体系下,"乡"虽被理论上设定为国家建构的重要一环,但在舆论话语和具体实践中却常被置于从属和边缘地位。清末以降,新旧知识人对强国路径的共识日趋明确,而"乡"却往往被视为国家历史进程中的羁绊因素。

这种话语逻辑,在"国民"和"国家"的关系中亦有鲜明映射。相较之下,"乡"尚可借助乡邑和天下的历史传统保留一定的模糊性空间,"国民"的概念则更易被淹没在清季以国家为导向的宏大叙事中。此中吊诡之处在于:清末新式知识人对"乡""国"关系的重构和阐发,虽部分修正了传统士大夫"一邑"与"天下"的观念,却也在事实上造成了"乡"与"国"的结构性割裂。近代乡村的衰败与新式知识人向城市的大规模聚集,可能与此种观念转型不无关系。因此,当后来张謇在回顾自身坚守的"村落主义"时,其表述难免带有自嘲与凄凉之感。②

接下来,我们将视角从传统科举体系转向江苏同人会与《江苏》杂志,考察在"乡""国"概念重构的语境下,上海与江苏的地域关系如何被重新定义。

第二节 江苏留日学生群体与《江苏》杂志

自 1897 年底清廷正式向日本派遣留学生起,中国读书人赴日留学热潮便迅速兴起。③ 据日本学者实藤惠秀统计,截至 1900 年,中国留

---

① 罗志田:《天下与世界:清末士人关于人类社会认知的转变——侧重梁启超的观念》,《中国社会科学》2007 年第 5 期。

② 在张謇看来,其"村落主义"虽仍属于清末以降"乡""国"关系的理论建构范畴,但此一思路在实际操作层面,尤其在北洋军阀时期的舆论生态与现实环境下,却常被指不知变通,屡遭诟病,甚至被归为陈腐之见。参见张謇:《对于东台欢迎答辞》,李明勋、尤世玮主编:《张謇全集》第 4 册,第 458—459 页。

③ 桑兵:《清末新知识界的社团与活动》,生活·读书·新知三联书店 1995 年版,第 147 页。

日学生人数已突破 200 人,到 1903 年激增至 1300 人,而至 1906 年左右更是攀升到 8000 人的高峰。① 清末中国留日学生人数的迅速增长,不仅折射出清廷改革图强的迫切心态,也反映出当时新式知识人对日本改革经验的强烈兴趣。1902 年,梁启超在《敬告留学生诸君》一文中,对留日学生表现出"爱之深、责之切"的复杂态度。他一方面寄望留日青年能成长为救国栋梁,另一方面则对留学生群体中存在的种种问题予以严厉批评。梁启超特别指出,部分留学生"闭户自精,不问时事",只顾埋头学问而忽视国家命运;另一部分学生则"学未半他人,而沾沾然有自满之色",甚至假留学之名追逐个人名利。梁启超对上述两类学生均颇为不满,在他看来,前者过于冷漠,缺乏社会责任,而后者更是流于鄙陋、庸俗浅薄。②

除此之外,梁启超对留日学生组织也深表不满。他指出,这些团体虽在形式上有所联合,却未能在精神层面真正凝聚成具有内在聚合力的法团。进言之,留日学生群体内部已形成"温和派"与"激进派"的明显分野,彼此之间常"以手段之差别而互相非难",竟忘了他们本应"殊途同归",同为救国图强的目标而努力。尽管如此,梁启超对留日学生群体之间的分歧仍持调和主张,并坚持其一贯倡导的"合群"理念,试图调和两派矛盾,呼吁留日学生超越分歧、团结协作。他在文中大声疾呼:

> 凡欲就大业者莫急于合群,此诸君所同认矣……诸君同在学界,同为青年,同居一地,同一天职,其学识之程度亦当不甚相远,此而不合群,则更无望他群之能合矣……诸君此之不任,而更望诸谁人也?③

---

① [日]实藤惠秀著,谭汝谦、林启彦译:《中国人留学日本史》,生活·读书·新知三联书店 1983 年版,第 451 页;姜新、小雨:《江苏留学史稿(1840—1949)》,吉林人民出版社 2006 年版,第 90—91 页。
② 梁启超:《敬告留学生诸君》,陈学恂、田正平编:《中国近代教育史资料汇编·留学教育》,上海教育出版社 1991 年版,第 49—50 页。
③ 梁启超:《敬告留学生诸君》,陈学恂、田正平编:《中国近代教育史资料汇编·留学教育》,第 51 页。

这一论述无疑体现了梁启超的调和思想，也折射出留日学生群体内部深刻的思想分歧。值得注意的是，当梁启超发表此文时（1902 年），在日中国留学生总数尚不足 500 人。此时以"励志会"为代表的学生组织虽已成立，却因宗旨含混而处于"政派与联谊之间"的模糊状态，难以达成共识。① 1902 至 1903 年间，留日学生人数激增，励志会等松散的组织逐渐归于沉寂。与此同时，以地域为纽带的同乡会组织应运而生，1902 年底至 1903 年初，江苏、浙江、湖南、湖北等地的留学生纷纷组建同乡团体，以联络乡谊、谋求共识。②

对于梁启超的文章对留日学生群体究竟产生了何种程度的影响，目前学界仍难有定论。然而，此类以地缘为纽带的新式留学生团体的涌现，其形成动因未必如后世研究者所言，是由于对"省界"观念的执守所致，亦未必导致不同地域间的相互攻讦。③ 事实上，在这些以同乡关系为纽带而组建的团体中，"国家"始终是其关怀的核心。以江苏同乡会为例，该会同人在回顾其创办宗旨时，即强调"合群"的重要性，并援引社会达尔文主义影响下的竞争观念，指出：

> 某某等以为国之存亡，要以能群不能群为断，而欲成大群，又必集合小群以相联结，故各省团体不固不独无以联情谊，抑亦何以立自治之本，以战胜于生存竞争之域，于是有同乡会之议……国之亡也，亡于不能群，而惟爱力足以救之，虽然人未有不爱其亲，而能爱乡党邻里者，即未有不爱其乡党邻里，而能爱国者。今之人竞言爱国矣，而吾言爱国，必自爱乡始，无他，事之由小以成大，自迩而及远，亦必至之势，无可如何者也。今同人以爱江苏者爱中国，各省亦竞以爱其本省者爱中国。驯致齐心一致以集注于爱国之一点，则中国之兴也。④

---

① 桑兵：《清末新知识界的社团与活动》，第 155 页。
② 1902 年底至 1903 初成立的著名留学生同乡团体有浙江同乡会、湖北同乡会等。
③ 苏全有与刘伟的研究均指出，在"省界"观念的影响下，其负面性集中体现为潜藏着恶劣的"地方主义"倾向。苏全有：《论清末的省界观念》，《安徽史学》2009 年第 1 期；刘伟：《晚清"省"意识的变化与社会变迁》，《史学月刊》1999 年第 5 期。
④ 《江苏同乡会创始记事》，《江苏》1903 年第 1 期。

上述言说显然已经超越了狭隘的地域认同，而是通过"亲—乡—国"的递进式伦理关系，建构起一套地方和国家共通的认知逻辑。此种处理"本省"与"中国"以及"本省"与"他省"关系的思路，在同期留学生刊物中也普遍存在。① 值得注意的是，这种言说方式与梁启超《新民说》中将"国"视作"私爱之本位，而博爱之极点"的基本思路契合。② 质言之，这些留学生刊物虽以"省"为言说载体，实则始终以"国"为价值归依。在这种逻辑结构中，"国"始终是价值追求的终极目标。与之相应的是，这些刊物都致力于破除"只知一己而不知国家"或"只知天下而不知国家"的弊病。③

从这一思想背景出发，我们可以进一步审视：在各类留学生创办的同乡会刊物中，对于"乡""国""民"关系的表述，既承袭了"省府州县"的传统行政区划框架，又赋予了这种关系新的政治与身份认同内涵。在"破旧国"和"立新民"的双重诉求下，无论是梁启超，还是新一代留日学生，均未能完全跳脱传统以省府州县为基础的行政区划认知框架。传统行政区划不仅构成其身份认同的建构基础，更成为改造国家的实践模板。他们以"省"为单位组织、以"府县"为认同纽带，其终极目标虽然指向强国救亡，但思想路径却仍深植于传统空间结构之中。在这一过程中，传统臣民身份逐渐瓦解，"国家"与"国民"等概念被赋予了新义。然而，新旧观念交汇的内在张力并未消弭，其根源或许在于思想系统转型中那些连接传统的认知纽带尚未发生根本性变革。

具体而言，我们可以透过江苏同乡会刊物《江苏》的发展轨迹窥出地方认同与国家观念之间的微妙张力。从《江苏》中，我们既能看到新的"国""乡""民"等概念如何被定义，也能通过更为地方化的调查录和本省时评，窥出传统府州县如何成为连接这些新概念的纽带，并且被赋予全新意义。在这一过程中，该刊最初以倡导地方自治

---

① 湖北同乡会在叙述该会缘起时便直言"同人游学海外，目击世局，知非合群策群力结一大团体，断不能立于生争竞存之恶风潮中，但大团体由小团体相结而成，故爱国必自爱乡始。"《湖北同乡会缘起》，《湖北学生界》1903年第1期。
② 梁启超：《新民说》，《饮冰室合集》专集之四，第18页。
③ 沈松侨：《国权与民权：晚清的"国民"论述，1895~1911》，《"中央研究院"历史语言研究所集刊》2002年第73本。

为宗旨,随着时局演变逐渐转向革命宣传,在"自治"和"反清"目标的调整过程中,展现出"大乡"(江苏省)和"小乡"(如南京、松江、上海等府县)之间的相对位置是如何被重新定义的。① 通过对《江苏》杂志的文本分析,我们可以清晰地观察到"国""乡""民"等核心概念在话语实践中的演变轨迹——它们在刊物中被不断重申,其意义也适时更新,但无论如何调整,所有新意义的建构依然深受传统行政区划的影响。

江苏同乡会同人为"考察本省情形,借资研究,为他日地方自治张本",特设调查部。② 根据《江苏同乡会调查部公约》,调查部分设经部和纬部,而在各部之下又分设有府、县两级组织。在经部中,府一级调查员承担"分业调查"与"分境调查"之责。前者要求在"士、农、工、商、宗教"等行业门类中各择一人负责调查,后者则在"东、西、南、北、中"五区中各择一人,按照具体地理单元开展调查工作。县一级调查员的职责亦是如此,区别在于其调查视野更进一步下沉到村落层级。这种"府—县—村落"的三级调研网络,表现出极致的乡土关怀。纬部则在每一府设立若干业别调查员,分别负责具体行业的深入调查工作,县级调查员亦按照同样的原则设置。③

这种"分经分纬"的调查体例,体现了江苏同乡会同人在试图构建新的本省知识系统时,仍然保留了以府县和行业为基础的传统架构。从村落至县府,其组织体系都遵循既有的行政等级秩序。然而,由于该架构存在"纲目繁琐、难以下手"的弊端,难免导致"投稿者寥寥"的尴尬局面。有鉴于此,《江苏》第三期刊载的《调查部紧要广告》特别声明,调查稿件可以"不拘一格,各就所知,任作一门",旨在打破严格的行政与行业序列束缚,鼓励更为灵活的投稿方式。④ 从现存的十篇调查录来看,其调查覆盖地域极为广泛,基本遍布江苏全省,并兼顾苏属与宁属两大区域,这凸显了江苏留日同乡会成员在知识整合过程中对

---

① 《江苏》前两期立志于鼓吹"自治",态度比较温和,从第3期开始在拒俄和苏报案风潮的影响下逐渐趋于激烈,直至鼓吹"排满"和"革命"。
② 《调查简启》,《江苏》1903年第1期。
③ 江苏同乡会:《江苏同乡会调查部公约》,《江苏》1903年第1期。
④ 江苏同乡会调查部:《调查部紧要广告》,《江苏》1903年第3期。

"全省"意识抱有高度自觉。①

《江苏》设有"本省时评"栏目,其内容主要聚焦江苏省学界和知识界的诸多议题。其中,既包含对前任两江总督张之洞与现任两江总督魏光焘,以及江苏巡抚恩寿所推行办学政策的批评。例如,《张之洞魏光焘恩寿之特色》《江苏学堂之腐败》及《办学堂之诸君听者》等文章,全面揭露了全苏学堂办学的腐败。② 此外,该栏目内容也涵盖对江宁、上海、常州、镇江等地学堂现状的个别评述。整体而言,这些文章多致力于揭露地方官府压制新式学堂发展引发的弊病,并提倡地方士绅自主兴办学堂。在关于江苏的论述中,上海的地位尤为突出。尤其是自拒俄运动与"苏报案"之后,上海的爱国学社与国民公会被视作引领风潮的典范,文章称之为"吾中国之独立钟声也",并赞誉其能够锻炼"吾国之民气"。③ 随着"苏报案"事态的发展,《江苏》杂志的言论也愈趋激进,不仅公开批评时任商约大臣吕海寰与驻日公使蔡钧④,更提出"满汉"议题,将"苏报案"视为统治集团与多数被统治群体间的政治争讼,特别强调涉案人员(多为汉人)与清廷(以满人为主导)的对立。该杂志在讨论中暗示,当时中国存在统治民族与被统治民族的区隔,并将外国势力视作可以调停中国内部矛盾的第三方力量。⑤ 此种观点隐含着对清朝多民族统治架构的质疑,并且在讨论"中国"概念时,杂志编者倾向于将十八行省的汉人聚居区作为主体讨论范围。

整体而言,在"调查录""本省时评"等具有鲜明地方特色的板块中,我们可较清晰地看到江苏留日学生团体试图以"江苏"为本位,重新构建其在未来国家架构中的地位与角色的努力。他们通过重新绘制江苏的知识图景,强调宁属与苏属的并重关系,同时既将引领风气之先的上海纳入江苏的整体版图,又突出其在全国舆论中的前沿地位。这种论

---

① 从第3期设置调查录,其内容分别为《上海学堂一般》《江苏内河之航业》(以上为第3期),《武阳土产表》(第4期),《嘉定学界一般》《嘉定谈》《武阳土产表》(续)(以上为第5期),《镇江学堂兴废表》《扬州学界区所表》《昆山学堂谈》《嘉定农人之生计》(以上为第7期),《扬州教堂一览表》《淮安府山阳县调查概略》(以上为第8期)。
② 以上各文俱载于《江苏》1903年第1期。
③ 《对于俄约之国民运动》,《江苏》1903年第2期。
④ 《吕海寰与蔡钧》,《江苏》1903年第3期。
⑤ 《咄!满汉两种族大争讼》,《江苏》1903年第4期。

述策略既体现了《江苏》同人将地方经验上升至国家层面的尝试,也反映出他们整合全省行政资源的取向。自第六期起,《江苏》杂志的栏目设置出现了重要调整:仅保留"内国时评"和"外国时评",取消"本省时评"。当然,此种调整并非意味着本省事务不再受到关注,事实上,尽管该杂志的整体论述视野开始向国家层面上移,其基本立场仍往往立足于江苏省情。

此外,"社说"与"言论"是《江苏》杂志中较具全国视野的重要栏目,其言论往往超越本省范畴,旨在探讨全国政治与外交大局;但即便如此,江苏及其所辖府州县仍常以"省""府""县"的行政单位角色嵌入全国叙述,成为论述全国事务的逻辑起点与事实依据。而《江苏》从提倡自治转向反对清廷的过程中,亦可见一种特殊的地方—国家序列变动:江苏被置于国家转型的先锋位置,其所属府州县之间的联系意义和叙述方式悄然转变,而其基于行政架构的序列逻辑依然得到了保留,故依然能从整体上保持地方认同与国家议程的连贯性。

《江苏》在创刊初期,言论风格较为稳健,论述重点集中于地方自治事务,纪年亦沿用光绪年号。然而,自第三期开始,杂志立场渐趋激进,开始主张"民族革命",并转用黄帝纪年,这一变化标志着其政治立场的重大转向。① 从第一期的发刊词中,可清晰窥见其重构"乡"与"国"关系的意图。在这种新关系中,江苏的"美"与"恶"都被视为全国最典型的样本,而中国则因江苏的典型性而得以凸显于世界。由此,江苏的改革被赋予整个中国改革的先导意义,成为中国顺应世界潮流的关键前提。在这一论述框架中,除了"乡"与"国"的关系,"省"也不再仅仅是王朝国家中的地方行政单位,而是被塑造为自发承担改革使命的行动主体,被赋予了更多的责任。② 正因如此,《江苏改革之方

---

① 据柳亚子回忆,《江苏》第1期主编为汪荣宝,第2期主编为钮永建,第3期主编为秦毓鎏,第4期主编为秦毓鎏与张肇桐,最后数期的主编为赵正平。参见柳亚子:《开国前革命书报补正》,《大风》1939年第40期。
② 康有为在《废省议》一文中曾明确指出省与国的关系:"省者,中书省也,政府也;行省者,分政府也"。康有为:《废省论》,姜义华、张荣华编校:《康有为全集》第9集,中国人民大学出版社2007年版,第365页。

针》一文提出：中国若欲通过改革抵御列强，"宜自江苏始"。该文将江苏视为"吾中国文明之制造场"，亦视为"不适于天演之弊害之制造场"，进而论断"吾欲改革中国，吾又不得不自江苏始"①，将江苏的改革实践与国家命运深度绑定。

在《哀江南》一文中，这种序列关系体现得更为明显。文章称：

> 支那为全体，江南为一部；支那为支那全体人之支那，我即为支那全体中之一分子；江南为江南一部人之江南，我又为江南一部中之一分子。言江南一部，即可知支那之全体，我尽我一分子之言，即可见江南之全体。②

据此可见，作者试图以"江南"的兴衰映射中国的命运，通过"俯仰古今"的视角，对江苏的历史、地理、政法、军事、教育、实业等领域展开哀悼性论述，进而主张江苏需革除"腐败""靡弱"等旧习，上演"独立自治之活剧"。唯有如此，中国方能与美利坚、德意志等国比肩，而江苏"一府一州一县"中"破裂之地理""苛酷之政事""萎靡之军事""顽固之教育"与"窳惰之实业"等弊端才能得以革新。③ 在此论述中，已隐约显现出"江南民族"自我奋起、反抗清廷统治的思想倾向。

此种倾向也体现在《江苏社会亦当改革否》等论说之中。④ 即便在《江苏》杂志立场日趋激进之际，社会达尔文主义影响下由"合群"意识所激发的紧迫感仍未改变。然而，自第三期始，关于"群"的叙述策略发生了转向：民族主义话语被引入，并被技术性地转化为"一民族一国家"的表达方式，进而将"中国"的疆域界定为具体行省。这种基于传统行政地理单元的界定方式，与此前将"中国"理解为包含二十二行省在内的多民族王朝疆域观念形成对比，其背后所蕴含的国家观念已然

---

① 铁生：《江苏改革之方针》，《江苏》1903 年第 1 期。
② 侯生：《哀江南》，《江苏》1903 年第 1 期。
③ 侯生：《哀江南》，《江苏》1903 年第 1 期。
④ 佚名：《江苏社会亦当改革否》，《江苏》1903 年第 2 期。

发生变化。① 此外,《江苏》同人强调"二十世纪为世界生存竞争之舞台",这一论断凸显了时人对全球竞争加剧的深切忧虑。这种认知不仅拓展了以"乡"为基础的地方性事务视野,更创造性地构建起"乡"与"国"的有机联系。

这种思路在实业议题中同样有所体现。在《蚕业实验谈》一文中,作者通过考察蚕业现状指出:蚕业不仅是"中国特长之物产",更是"我江苏唯一之富源"。然而,在全球性竞争的冲击下,蚕业长期以来的传统优势已难以维系。作者进一步指出,"一国一省之蚕业,实世界上之蚕业",而"蚕业之竞争,非一国一省之竞争,实世界上之竞争也"。② 在这种逻辑下,作者得出唯一的拯救之道:若想要保护这一"富源"的存续,就必须奋起以应对世界竞争的新变局。

类似思路亦体现于对江苏民风的反思中。《松江人之生活》一文对松江人生活状态的批判,并非局限于地域性观察,而是将其上升至全国性议题层面。文章指出,松江人普遍存在"小"和"闲"等弊病,而且此类缺点并非江苏独有,"中国人除江苏外其亦有"。因此,松江人若欲摆脱沉疴,就必须跳脱"一邑一乡"的封闭视野,主动顺应世界大势,如此方能实现自我革新,进而自立于世界。③

在民族主义思潮愈发高涨的语境下,部分士人试图以"国粹"之名推动革命,他们多采取复古姿态,怀抱恢复"汉官威仪、峨冠博带"的愿景。④ 然而,在激进的留日学生群体看来,仅仅凭借衣冠等形式上的复古难以应对现实危机,因此他们转而将从理论上重塑国家认同视为最为紧迫的任务。这一重构过程主要通过追溯历史渊源、塑造民族英雄等

---

① 尽管在第 3 期也有欲调和民族关系的言说,但整体还是趋向激进化。如《论汉人当忧满洲》一文作者便强调满汉两族群均为"清人",指出"满汉两族朋党相攻,本属一国私事,自天下列国言之,均为清人"。参见佚名:《论汉人当忧满洲》,《江苏》1903 年第 3 期。
② 洴淬:《蚕业实验谈》,《江苏》1903 年第 5 期。
③ 佚名:《松江人之生活》,《江苏》1903 年第 3 期。
④ 鲁迅:《对于左翼作家联盟的意见》,氏著:《鲁迅全集》第 4 卷,人民文学出版社 2005 年版,第 239 页。

策略展开。①《中国民族之过去及未来》一文即为典型例证。该文作者秦毓鎏在文中系统梳理了中国的民族谱系，进而将民族主义纳入进化论的历史框架。他认为，世界大势"莫不由民族主义、民族帝国主义"所引导，因而建国的关键在于"民族的国家"，而新的国家认同需建立在"言语同、习俗同、历史同、地理同"的基础上。在秦氏的历史叙述中，中原文化传统的延续性是民族复兴和国家再生的关键，因为旧有的"中国""早亡于二百年前之北方蛮族矣"。②

除上述宏观的谱系建构，在探讨江苏与汉族的关系时，论者呈现出更为细致的历史视野。在《江苏与汉族之关系》一文中，作者吴民以"吾民"自称，试图通过江苏历史上的"保种之义举"来彰显江苏的尚武传统，从而颠覆世人对江苏素来文弱的认知。文中将江苏历史上的"保种"分为六阶段，其中首阶段更上溯至春秋时期的吴国，认为吴国为"姬周遗胄避地南来"所建，乃"吾民族开化发达之鼻祖"。继吴国之后，"炎汉""东晋""李唐""南宋""大明"诸政权相继被列入。这些王朝均被视为文化正统，而"戎秦"这类则被视为异族僭伪政权。此阶段江南士人的抗争行动被描述为保全文化传统的重要实践，实为奋发保种的义举，其间涌现了杨行密、岳飞、韩世忠、张士诚、朱元璋等一系列忠臣义士。③

这种叙述策略巧妙地将移鼎易祚的王朝更迭战争叙事转化为民族抗战的历史论述，突破传统循环史观的窠臼，转而借助进化论话语重构历史的线性发展逻辑。在此基础上，论述以江苏为叙事本位，为江苏人指明了一条不可逆转的进化路径。此外，作者反复强调江苏在地理上的核心地位，指出其自成周以来绵延传承三千余年而不衰。④ 基于此，江苏

---

① 具体参见沈松侨：《振大汉之天声——民族英雄系谱与晚清的国族想象》，《"中央研究院"近代史研究所集刊》2000年第33期；孙江：《连续性与断裂——20世纪初历史教科书中的黄帝叙述》，氏著：《重审中国的"近代"：在思想与社会之间》，社会科学文献出版社2018年版，第113—152页。

② 秦效鲁：《中国民族之过去及未来》，《江苏》1903年第3、4期。

③ 吴民：《江苏与汉族之关系》，《江苏》1903年第6期。

④ 当时地理决定论颇为流行。例如，《江苏》第8期中便有文章从地理上论述了江苏的重要意义，认为地理与文明之间关系密切，指出"中国本部十八省，沿海者七省，沿江者七省，至若握江海之关键而交通尤便利者则惟我江苏"。参见V. G. T. 生：《英德于扬子江之竞争》，《江苏》1904年第8期。

被赋予先驱者的历史使命，理应发起除"狡胡"、兴"汉种"的革命运动，誓言以肝脑涂地之姿，捍卫江苏，而绝不容许"裂江苏寸土""割江苏一城"。① 此种论述为江苏及其所辖八府三州六十三厅州县，在近代国家建构的理论框架中提供了新的理论支点。在作者汉驹看来，王朝国家向民族国家转型之际，江苏不仅承载着保种传统，其地理区位与文化凝聚力更具独特优势。这一特质使江苏在清末革命话语中，常被赋予领导全国革命的历史使命。②

诸如"吾民"一类的作者在激发民气时，常对江苏"保种"历史进行浓墨重彩的渲染，其间难免夹杂夸饰之辞。然而，更多作者则在强烈的反清诉求驱动下，深入反思"种"与"国"双重沦丧的根源，展现出思变图强的强烈意愿。在这一逻辑下，有作者尖锐批评中国传统中盛行的鬼神思想，认为此思想尤以江苏人为甚，更指出江苏人对此思想的笃信实为亡国灭种的文化症结所在。例如，有作者便愤然感叹："愚矣，江苏人而人人如是，求中国之不亡得乎？中国人而人人如是，求黄种之不亡得乎？"③ 既然江苏人在这类叙述中被视为"亡国"之祸的重要责任主体，便有必要反过来激励"吾乡人""勇猛奋发"，不畏牺牲，以振作民族精神，成为后世师表。在一些作者笔下，此种希望便被"殷殷然嘱望于故乡之青年也"④。

---

① 吴民：《江苏与汉族之关系》，《江苏》1903 年第 6 期。
② 汉驹：《新政府之建设》，《江苏》1903 年第 5 期。
③ 佚名：《江苏人之信鬼》，《江苏》1904 年第 9、10 期合本。
④ 佚名：《民族精神论》，《江苏》1904 年第 8 期。

第三章 辛亥前后江苏行政整合中的观念对峙

DI SAN ZHANG

第一节 沪苏两地光复后政令表达中的认同分歧

清末十年,在社会达尔文主义风潮的广泛影响下,国内族群关系的表述范式已悄然发生重要转变。经过梁启超等人长期的宣传倡导,这种关系逐渐从传统的王朝臣民叙事,转变为现代民族国家框架下的族群关系讨论。① 这一知识话语结构的重塑,并非线性演进的过程,而是在剧烈的政治动荡与思想变革中呈现出显著的断裂与分歧态势。正是在这种语境中,"反满"逐渐成为革命党人最具号召力的宣传话语,并在短时间内汇聚起大量新式读书人与学堂学生,形成颇具规模的社会动员效应。直到辛亥革命爆发,这一趋势仍在持续演进,未见停歇。②

1911年11月3日,上海发动起义,并于次日宣布"光复";11月5日,江苏巡抚程德全也在苏州宣布"独立"。无论"光复"抑或"独立",自公开与清廷决裂起,上海与苏州的地方新政权便亟需迅速采取措施以确立政治合法性。由于政局尚未稳定,沪苏两地不得不借助布告、檄文等文字告示,来彰显其独立性和合法性。因此,细致分析彼时沪苏两地发布的系列政令、告示,可最大限度地揭示两地新政权在政治策略及对"革命"的理解层面存在的微妙差异。

事实上,早在11月6日沪军都督府正式成立以前,上海方面已先后以"军政府""中华民国军政府""上海军政分府"等不同名义发布了

---

① 具体研究可参见〔美〕路康乐著,王琴、刘润堂译,李恭忠审校:《满与汉:清末民初的族群关系与政治权力(1861—1928)》,中国人民大学出版社2010年版。
② 关于清末学堂学生激进化,可参见桑兵《晚清学堂学生与社会变迁》一书。

数则重要公告。① 这些公告在称谓上的不一致，既反映出上海革命党行动的仓促与组织的凌乱，也凸显了其谋求政治合法性的迫切心态。11月3日下午，上海革命党人即以"上海军政分府"名义发出了第一张安民告示，内容如下：

> 照得武昌起义，同胞万众一心。凡我义旗所指，罔不踊跃欢迎。各省名城恢复，从未妨害安宁。上海东南巨埠，通商世界著名。一经大兵云集，损害自必非轻。今奉军政府命，但令各界输诚。兹已纷纷归顺，具见敌忾同情。惟愿亲爱同胞，仍各安分营生。洋人生命财产，切勿乘此相侵。转瞬民国成立，人人共享太平。②

这张告示迅即成为日后江苏其他地区"光复"的范本，松江、锡金等地宣布独立后的文告多仅更换日期与地名，其基本结构与主旨几无改动。11月5日，在苏州宣布独立后，前江苏巡抚程德全以"苏军都督"身份发布六言安民告示。全文如下：

> 照得民兵起义，同胞万众一心。所至秋毫无犯，莫不踊跃欢迎。各省名城恢复，从未妨害安宁。苏省通都大邑，东吴素著文名。深虑大兵云集，居民不免震惊。今特剀切宣告，但令各界输诚。愿我亲爱同胞，仍各安分营生。外人相处以礼，一团和气不侵。旗满视同一体，抗拒反致死刑。共和政体成立，大家共享太平。③

该告示虽然在形式上延续了上海文体，但具体措辞的若干调整颇值

---

① 上海社会科学院历史研究所编：《辛亥革命在上海史料选辑》，上海人民出版社1981年版，第283—284页。
② 此告示原件藏于宁波天一阁博物馆。1911年11月4日《民立报》和《申报》率先报道上海起义之事，惟具体文字稍有出入，今以原件为准。参见徐良雄、汪岚：《宣告上海光复的第一张布告》，《东南文化》2002年第2期。
③ 郭孝成：《江苏光复记事》，中国史学会主编：《辛亥革命》第7册，上海人民出版社1957年版，第6页。

得细究：其一，文告将"武昌"替换为指涉较为模糊的"民兵"，并将"凡我义旗所指"改写为更加中性化的"所至秋毫无犯"，体现出刻意淡化革命性质的意图；其二，苏州方面文告删去"兹已纷纷归顺，具见敌忾同情"，新增"旗满视同一体，抗拒反致死刑"一句，明确提出保护旗人，明显有别于上海的表述方式；其三，将"转瞬民国成立"修改为"共和政体成立"，以更具弹性的政治语汇来规避"民国"字眼可能引发的巨大争议。

两地首份告示的差异为日后双方的分歧奠定了基调。上海方面的告示高调揭示了"革命"进程，虽未明确提出"排满"口号，却侧重保护"洋人生命财产"而未明言保护旗人，其中隐含的歧义与倾向性并非难以察觉。而苏州方面则刻意"降低格调，淡化革命气氛"，似欲将"江苏光复和革命党人领导的武昌起义分割开来"。① 此外，江苏告示以"地方自保"为基调，其态度之审慎可见一斑。同时，苏州方面亦敏锐觉察到上海告示中的激烈语气，故特别强调"旗满视同一体，抗拒反致死刑"，以遏制可能发生的族群冲突。② 同一天晚上，程德全更以"江苏巡抚"身份通电苏省自治公所，宣布独立之事，并呼吁各地方绅士以"保全地方为第一要义"③。与此同时，程德全又致电清廷，称独立乃"人心如此"，自陈"直此危迫之状，保护维持，责在抚院"。此举表明，程氏宣布"独立"实乃形势所迫，其政治立场仍然游移于清廷与革命党之间，意图在维持现存地方秩序的同时静观大局走向。④

尤应注意的是，"旗满视同一体"与"共和政体"两种表述所折射出的深层含意——"旗满视同一体"体现出苏军都督府方面依然沿用梁

---

① 吴讱：《从"安民布告"分析江苏地方官员对待辛亥革命的态度》，氏著：《辛亥革命论文集》，第 37 页。

② 与此同时，当时中外报纸均大肆报道有关清军在汉口屠杀民军的事件，各类族群冲突的流言遍布。具体参见路康乐著，王琴、刘润堂译，李恭忠审校：《满与汉：清末民初的族群关系与政治权力（1861—1928）》，第 218—249 页；上海社会科学院历史研究所编：《辛亥革命在上海史料选辑》，第 28—106 页。

③ 《常州独立之详情》，《大公报》1911 年 11 月 21 日，第 9 版。

④ 在上海光复之前，程德全一直致力于"实行宪政""消弭革命"的活动，然清廷反应颇为冷淡。程氏此前活动可参见沈云龙：《张謇、程德全对辛亥开国前后之影响》，《"中央研究院"近代史研究所集刊》1971 年第 2 期；《苏州都督程德全致各省督抚等电》，第一历史档案馆编：《清代档案史料丛编》第 8 辑，中华书局 1982 年版，第 338 页。

启超、杨度等人提出的路线，反映了以温和立场对待清末族群关系的思路①；而"共和政体"的提出，则巧妙地回避了上海等地革命党人所提出的"民国"的敏感称谓，为日后的政治回旋与妥协预留了弹性空间。对于程德全而言，既然立宪请求已遭清廷否决，若再公然抵制共和，则易遭革命党人士排斥，故其以语义模糊的"共和政体"作为折中表述，实为自保之举。② 在此等政治进退间，程氏尽显其多年官场沉浮的老练。

相较之下，上海革命党人虽持整体激进立场，但在对外交涉问题上却表现出明显的策略性考量。上海宣布独立后，为防止列强误将起义比附为义和团运动，革命党人立即向在沪外侨发布公告，声明起义"目的全非排外，亦非存有杀戮满人之意"，而是"志在推翻万恶政府"和"改良政治"，并请求外人"严守中立"。③ 这种审慎策略，反映出革命党对自身国际形象的高度自觉。

除安民告示外，剪辫告示亦为观察沪苏分歧提供了重要文本资料。1911年11月12日，《时报》登载了一则沪军都督府发布的剪辫告示，其文称"同胞……一律……除去胡尾，重振汉室"④。类似告示此后屡见不鲜，然其具体内涵则渐趋复杂，不可一概而论。在陈其美等激进派眼中，发辫不仅是"异族"统治的象征，更承载着汉族"复国"的民族想象，剪辫仪式也因此成为恢复"上国衣冠"的重要象征。⑤ 而上海沪军都督府民政总长李平书，对剪辫的理解则较为温和，认为剪辫仅仅是政治革新伴随的改俗之举，是迈向"新国之民"的必要符号。⑥ 李平书的这种思路在江苏方面亦得到了延续。在江苏方面的告示中，剪辫也被视作"旧邦新造"过程中破除旧俗之举，其剪辫理由兼具实用性与象征性：既因发辫"既碍工作，且害卫生"，又因辫子在国际上被讥笑为

---

① 张謇：《革命论》，张孝若编：《张季子九录·文录》卷3，台北文海出版社1983年版。
② 张謇等人曾有"共和政体"论，参见《国土寥廓种族不一与共和政体之问题》，上海社会科学院历史研究所编：《辛亥革命在上海史料选辑》，第1047页。
③ 《军政分府通告书》，《民立报》1911年11月5日，第5页。
④ 《上海军政分府示》，《时报》1911年11月12日，第5版。
⑤ 上海社会科学院历史研究所编：《辛亥革命在上海史料选辑》，第324页。
⑥ 上海社会科学院历史研究所编：《辛亥革命在上海史料选辑》，第497页、509页。

"猪尾",被视为不合时宜的累赘之物。①

尽管上海革命党内部对剪辫意义的理解存在分歧,甚至沪军都督府内,都督陈其美与民政总长李平书的表述也并不一致,但这一举措仍迅速掀起了全国的剪辫风潮。发辫的去留之争,不仅关乎个人利益,更引发了"文明"与"野蛮"的社会论争。②从通都大邑到偏远乡村,剪辫风潮席卷各地,围绕发辫的观念冲突频繁引发军民纠纷,成为辛亥革命时期社会动员中不可忽视的历史现象。

从各类檄文中,我们可以明显看出上海革命党方面态度颇为积极,思路也多围绕反对清廷统治展开,字里行间充满"反满兴汉"的民族主义话语。以《上海军政分府檄南京文》为例,文中称南京为"我明太祖洪武之旧都",以"江东革命军"自居,号召"江南忠义之士""速举义旗,早驱膻种"③,以期"诛锄野蛮之满政府,建立共和之新国家"④。这一基本论述逻辑,在《上海军政分府檄镇江文》和《上海军政分府檄浙江、福建文》中得到了延续。继而,11月6日发布的《上海军政分府宣言书》系统总结了上述思路。在这篇宣言书中,上海革命党一方面强调不忘二百余年之"深仇巨耻",另一方面将清政府"假立宪之妖名,行防汉之谲计"视为新的压迫与欺骗。新旧仇恨的叠加,为革命起兵提供了政治合法性。宣言不断呼吁"救我同胞于异族虐政之下,拯我同胞于水深火热之中",并激励"我同胞""誓讨北虏,重兴神州"。⑤

如果说上海起义初期的沪军都督府文告饱含强烈的反清情绪,试图以民族矛盾的新旧仇恨作为动员舆论的手段,那么其中频频出现的"建立共和之新国家"表述,虽口号响亮却往往流于空泛,普通民众亦难以理解其深意。与此形成鲜明对比的是,苏州在宣布"反正"之初局势相对平稳,未出现上海般的混乱局面。程德全凭借其开明形象,不仅深得

---

① 《庄都督将下剪辫令》,《申报》1912年1月10日,第2张第2版。
② 辛亥革命时期的剪辫行为蕴含着极为复杂的政治与社会意涵,这一议题甚至在袁世凯政府成立后仍争论不息。具体可参见樊学庆:《辫服风云:剪发易服与清季社会变革》,生活·读书·新知三联书店2014年版,第380—409页。
③ 莫永明、范然:《陈英士纪年》,南京大学出版社1991年版,第92—94页。
④ 《上海军政分府檄南京文》,《民立报》1911年11月5日,第1页。
⑤ 《中华民国军光复上海记》,上海社会科学院历史研究所编:《辛亥革命在上海史料选辑》,第138页。

苏州绅商阶层的支持，同时也受到部分革党领袖的器重。① 因此，苏州军政府成立之初，便确立以"维持地方"为首要目标的基调，其官方文告言辞也少了几分激进色彩。宣布起义当天，程德全即传檄各府州县，饬令"以保全地方为第一要义，望即出示晓谕商民，共保治安而维秩序"②。稍后，在《江苏程都督第一号告示》中，程氏进一步强调苏州军政府的成立宗旨在于"保全全省人民之性命财产"与"改革政治"，将苏州起义定位为保障人民安宁和推动政治改良的举动。③

在程德全的积极动员下，原隶属于清廷的江苏地方官员亦被天然赋予"抚民之责"，其位置十分重要，其官职亦无剧烈变动的必要。④ 而当时上海、苏州、镇江已脱离清廷控制，南京成为一座孤城，政权转型的压力与阻力大幅减弱。于是，太仓、吴江、仪征、清江浦等地纷纷响应程德全的号召，以"奉宪独立"之名"闻风归顺"。⑤ 以后见之明观之，"奉宪独立"实为将新政权嫁接于旧王朝体系的奇特方式，然在当时相当部分江苏士绅眼中，此乃激烈动荡时局中平稳过渡的最优路径。由此可见，在上海和苏州起义初期，两个并立新政权的策略呈现出明显分野：上海方面试图借民族矛盾激发群情，希冀一鼓作气攻克南京、直驱清廷；而苏州方面则更为注重维系地方稳定，采取步步为营、稳扎稳打的方式，旨在积蓄力量以应对时局变迁，确保在政治上的进退裕如。

1911年11月中旬，江浙联军已启动进攻南京的军事筹备。此时，有两份重要文件尤为值得关注：其一是11月21日以"江浙联军"名义颁布的《檄南京文》。该文内容上承袭了上海革命党一贯的语言风格，核心主旨依然聚焦反对清廷统治，倡导兴汉复国，旨在洗雪汉人"二百年来奇辱"。⑥ 文中将清廷界定为所谓"外族政权"，与"中华""皇汉"

---

① 参见吴讱：《辛亥革命论文集》，第63—79页。
② 《常州独立之详情》，《大公报》1911年11月21日，第9版。
③ 《江苏程都督第一号告示》，《时报》1911年11月8日，第3版。
④ 《中华苏军都督府通令》，扬州师范学院历史系编：《辛亥革命江苏地区史料》，江苏人民出版社1961年版，第62页。
⑤ 镇江八旗驻防副都统载穆在给清廷的遗折中写道："苏抚程德全……传檄四府，一律光复。"参见民国《续丹徒县志》卷12《人物》，江苏古籍出版社1991年版，第643页。
⑥ 诸如镇江的林述庆方面，虽属光复会系统，与同盟会别为一支且有过节，然其反清旨趣则是一致的，镇江方面之前发布的告示口气也与此相同。参见钱基博：《无锡光复志》，中国史学会主编：《辛亥革命》第7册，第73—75页。

等词所指对立,而其论证逻辑则植根于传统"华夷之辨"。然而,该檄文中所谓的"华夷之辨"已脱离具体历史语境,被径直界定为无需辩驳的自然法则。"汉"与"外族"之间的对立俨然被视为天经地义,由此否定了中国传统政治文化中"以夷变夏"的文化融合可能。

在这种单一排他的思维模式下,清廷入主中原的历史被诠释为天然的不正义,而在鸦片战争后"亚欧大通,暂人环伺"的新格局中,清廷更被斥为"开门揖盗",甘心沦为列强工具。正是基于此种对清廷统治性质的批判,文中强调,晚清所谓改革不过是满族贵族粉饰太平之举,实际上汉族仍将长期处于受压迫地位。有鉴于此,江浙联军不得不举起义旗,志在光复中原、重整河山。①

在《檄南京文》中,近代中国的衰落被径直归因于清朝的政权性质,而非枪炮器物的落后、制度思想的缺陷,亦不在于列强的侵占和逼迫。文中强调,晚清割地赔款的频仍,并非源于疆域广狭、财力厚薄、兵力强弱或人才多寡,根源在于清廷根本性的政治理念问题,即清廷中枢抱定"宁赠朋友,无让奴隶"之旨,对本国民众缺乏基本信任,甘愿对外妥协苟且。② 这种叙事逻辑,从反对所谓"异族"统治视角出发,为清末国力日衰提供了另一种解释路径。

与此相对,11月22日程德全发布的誓师文则呈现出另一种话语图景。程德全在誓词中强调,起兵是基于"救国"和"人道"的需要,乃"事非得已"之举,其最终目的在于"革政",而非单纯反对某一族群。程氏指出,清廷的症结并不在于族群界限,而在于长期实行专制,违背国民改良意愿。例如,北方军队焚毁汉口、荼毒江宁的暴行,实为"蹂躏天赋之人权"的反人道行为。因此,江浙联军举兵,目的是"肃清江南",推翻专制体制,奠定"共和"之治与立"民国"之基。与上海部分革命党强调族群矛盾不同,在程德全看来,举兵的对象是"清朝"而非"胡虏",所欲推翻的是"旧朝"并非所谓"异族",而所建立的则仍是"共和"之"民国",而非汉族国家。因此,程德全明确指出,联军出兵是为了"求政体之廓清",实现"无汉无满,一视同仁,惟国惟民,

---

① 钱基博:《无锡光复志》,中国史学会主编:《辛亥革命》第7册,第73—75页。
② 陈梅龙:《陈其美传论》,天津教育出版社1996年版,第333页。

各求在我",主张打破亲疏贵贱界限,谋求全国范围内的"大共和"。①

综观上海与江苏两地文告的措辞,不难看出,从强调族群对立的"革命"叙事,到提倡无族群界限的政体革新,两者之间存在明显分歧。并且,随着辛亥革命进程的不断深入,双方在实际政治动员中的分歧持续扩大,致使双方难以形成统一的政治思路。这种分歧不仅折射出革命阵营内部观念的复杂性,也预示着此后地方政治走向的多元竞合与内在张力。

第二节 对立形象的建构:
守旧者与激进者的互相认知

清季革命党与立宪派都发轫于"维新"运动。② 大体而言,最初双方在理念和自身定位等方面多有重叠。然而,自 1903 年起,双方逐渐确立了一个比较清晰的界限,并由此形成了对立之势。③ 在此基础上,双方围绕"国体"与"政体"的改革议题展开激烈论争——核心分歧在于以暴力推翻清廷,抑或以渐进方式推行改革。这场辩论最终在双方之间构筑起难以逾越的鸿沟。④ 与舆论界的立场分化不同,清廷始终将立宪派与革命党视作同类威胁,康有为、梁启超和孙中山在相当长时间内均被视为通缉要犯。清廷长期认为立宪派人士"乃欲借立宪倾陷朝廷以阴行革命也",故其施政重心始终锚定于维护君主大权与清朝鼎祚的延续。⑤

然而,革命党和立宪派人士之间界限逐渐分明的态势,最终被辛亥

---

① 《江苏程都督誓师文》,《时报》1911 年 11 月 22 日,第 1 版。
② 杨国强:《论清末知识人的反满意识》,《史林》2004 年第 3 期。
③ 具体参见林增平:《革命派、改良派的离合与清末民初政局》,《历史研究》1986 年第 3 期;侯宜杰:《二十世纪初中国政治改革风潮——清末立宪运动史》,人民出版社 1993 年版;萧功秦:《危机中的变革:清末现代化进程中的激进与保守》,上海三联书店 1999 年版。
④ 梁启超于 1905 年致康有为的书信中,曾提及组建政党的构想,其中言及其与革命党的关系:"今者我党与政府死战,犹是第二义;与革党死战,乃是第一义。有彼则无我,有我则无彼。"参见丁文江、赵丰田编:《梁启超年谱长编》,第 373 页。
⑤ 刘廷琛:《为宪政现象渐彰新党心迹显著亟图变计以救危机折》,刘锦藻等:《清朝续文献通考》卷 400《宪政八》,浙江古籍出版社 1988 年影印版,总第 11512 页。

革命的爆发打断。随着革命进程的推进,双方的边界开始同时呈现出模糊化与清晰化的双重面向:一方面,随着大量立宪派人士加入革命阵营,其与革命党人之间的区分变得日益模糊;另一方面,革命党内部的分歧也愈发凸显,形成了"党人外有党,党人中有党"的复杂局面。① 整体而言,立宪派人士通常更为守旧,而革命派人士则更趋激进。② 革命派与立宪派在不同人群、不同话语场域中被赋予了非常多元乃至互相矛盾的政治内涵。

围绕着秩序重构与权力博弈等问题,革命派与立宪派展开了一场关于身份认同的重塑。后世学者常将这一过程概括为辛亥革命后革命派与立宪派的离合演变。事实上,立宪派人士在此过程中,逐渐选择脱离革命阵营,转而支持袁世凯等守旧势力。③ 此种判断虽大体准确,但需注意"革命"本身所具的多重面向,即"革命"不仅仅意味着革新,同时也往往伴随着暴力与破坏。进言之,革命兼具"新"与"破坏"的双重属性。④ 值得注意的是,立宪派与革命派对于"革命"的态度,也多围绕这一双重属性展开,区别在于双方各有侧重。

1911年11月初,随着上海、苏州相继宣布起义,江苏地区的立宪派人士受到了强烈冲击。在清廷和革命党之间反复犹疑后,多数人选择追随前江苏巡抚程德全的策略,响应号召,以"维持地方秩序为第一要

---

① 孙中山、黄兴、宋教仁、章太炎、孙武等人对于革命进程的认知存在显著分歧,与此同时,同盟会、光复会、共进会等革命团体间的分歧也日渐扩大。张謇:《啬翁自订年谱》,李明勋、尤世玮主编:《张謇全集》第8册,第1030页。

② 本书所述"守旧者"和"激进者"均属广义范畴,并无十分明确的界限,更多是基于自我认知与他人想象的动态界定。因此,"激进者"既可指立宪派人士眼中的革命派人士,也可指李平书这类与革命党相近的士绅;而"守旧者"则不仅包括"立宪派""旧官僚",也包括"保皇党",甚至可以泛指那些希望恢复旧秩序的群体。在革命派人士和立宪派人士的相互攻讦和想象中,此种划分往往会显得草率和武断,易陷入"非此即彼"的简单化倾向。例如,张謇、唐文治等人显然属于"立宪派"人士,但是在郑孝胥等"遗老"眼中,其已然与革命党无异;而在部分外国人眼中,张謇等人甚至被视作革命领袖,足见立场差异导致的认知错位。

③ 林增平:《革命派、改良派的离合与清末民初政局》,《历史研究》1986年第3期。

④ 晚清以来,中国知识人对"革命"的想象中也多与"新"和"暴力"相关联。具体参见 Ye, Bin. *Searching for the Self: Zhang Shizhao and Chinese Narratives* (1903 – 1927), Ph. D. dissertation, University of California, Berkeley, 2009, pp. 33–43.

义",纷纷宣布"奉宪独立""咸与维新"。① 其中,张謇态度的演变尤为典型地反映出立宪派对于革命与秩序的矛盾心态。上海宣布起义之前,张謇正积极奔走于铁良、张人骏的"援鄂"事务,试图敦促清廷"速宣定宪法、开国会",以消解革命风潮。这一思路一度被张謇视为"治本之法"。然而,上海和苏州相继宣布起义,促使张謇突破为朝廷谋划的固有思路,转而试图以中间人身份,寻求清廷与革命党的沟通融合之道。②

张謇对于革命的双重属性有着深刻认知,尤其警惕其中易致秩序崩坏的倾向。因此,即便顺应革命新潮流,他仍试图以"保守秩序"为自我定位,力求降低革命可能带来的社会动荡。③ 这种既认同又戒备的矛盾心理,在江苏立宪派人士中具有典型性。随着革命推进,清廷权威日益瓦解,革命党的激进形象则愈发凸显。尤其随着南北战事的延宕,尽管北军已做出诸多让步,上海革命党仍坚持强硬立场。这种现象使张謇等立宪派人士逐渐形成"南方一意孤行,颇难说话"的负面印象。④ 章太炎更是直言:"今大势已粗定,清廷万无能为力……革党势甚嚣。"⑤ 足见当时局势之微妙。

面对清廷权威崩塌、革命党内部分歧的困局,张謇等立宪派人士不得不另寻出路。他们一方面致函袁世凯,吁请其敦促清廷转向共和;另一方面规劝旧友许鼎霖等人接受共和体制。张謇明确指出:"欲和平解决,非共和无善策。此南中万派一致之公言,非下走一人之私言。"⑥ 此番表述既强调共和已成为南方各派的共识,却也隐隐道出"南中""万派"背后的立场分歧。与此同时,张謇对于自己坚持十余年的君主立宪理想仍心存眷恋,却苦于"无人发此端"⑦而陷入孤掌难鸣的境

---

① 鲁迅对此类合流的现象曾讽刺地评论道:"南京政府一成立,漂亮的士绅和商人看见似乎革命党的人,便亲密的说道:'我们本来都是"草字头",一路的呵'。"鲁迅:《补白》,氏著:《鲁迅全集》第3卷,第109页。
② 张謇:《请新内阁发表政见书》,李明勋、尤世玮主编:《张謇全集》第1册,第223—225页。
③ 张謇:《啬翁自订年谱》,李明勋、尤世玮主编:《张謇全集》第8册,第1029页。
④ 张国淦:《辛亥革命史料》,龙门联合书局1958年版,第292页。
⑤ 汤志钧编:《章太炎年谱长编》,中华书局1979年版,第366页。
⑥ 张謇:《复许鼎霖函》,李明勋、尤世玮主编:《张謇全集》第2册,第294页。
⑦ 张謇:《复汤寿潜函》,李明勋、尤世玮主编:《张謇全集》第2册,第296页。

地。事实上，张氏的思路与梁启超等人提出的"和袁、慰革、逼满、服汉"策略相去不远。①

在此般困境下，张謇处于南北两方势力之间，目睹革命引发的动荡日益加剧，对革命党人的不满亦与日俱增。碍于局势，他只能将这种情绪诉诸私人书信与日记。1911年11月27日，张謇在致袁世凯函中写道："目前破坏已成，险象四伏，而愤盈之气、激烈之言尚弥漫于耳目"②。此语显露出张氏已然对沪上陈其美等革命派人士行为怀有深刻不满。江浙联军攻克南京后不久，张謇匆匆赶赴上海，目睹社会失序与党人内斗，不禁发出"党人意见之复杂。破坏易，建设难。谁知之者！"③的慨叹。及至12月30日，南京临时政府成立前夕，上海革命派人士一片欢腾，张謇却对时局忧心忡忡，再度感慨"破坏之势日甚"④。

张謇的忧虑并未随着清帝逊位而消解。1912年2月15日，他在日记中写道："见逊位诏，此一节大局定矣，来日正难"⑤。这句看似平静的记录，实则暗藏其对革命走向的深刻隐忧。在张謇眼中，革命党，尤其是以陈其美为代表的上海革命党，已经逐渐偏离"秩序光复"的政治构想。当宣统帝退位、清廷权威彻底崩塌，不再是乱源所在的新形势下，革命党逐渐取代清廷成为达成南北统一的最大障碍，同时也成了新乱源。张謇对时局产生的无力感及对革命党日益加深的不信任，无疑是辛亥革命时期江苏立宪派人士心态变迁的重要表现。

1911年11月17日，素有"革命大文豪"之称的章太炎自日本归国⑥，再次与同盟会主流立场产生分歧。章氏公开抨击同盟会"暴乱"的革命手段与"专制"倾向，希图打破同盟会一家独大的格局，主张另组一个更为稳健且内部相互制衡的政党，为中国政局开辟新的发展道路。这一主张与同盟会的理念针锋相对，迅速引发舆论广泛关注。值得

---

① 丁文江、赵丰田编：《梁启超年谱长编》，第558页。
② 张謇：《致袁世凯函》，李明勋、尤世玮主编：《张謇全集》第2册，第292页。
③ 张謇：《柳西草堂日记》，李明勋、尤世玮主编：《张謇全集》第8册，第731页。
④ 张謇：《柳西草堂日记》，李明勋、尤世玮主编：《张謇全集》第8册，第732页。
⑤ 张謇：《柳西草堂日记》，李明勋、尤世玮主编：《张謇全集》第8册，第733页。
⑥ 《民立报》刊文将章太炎誉为"大文豪""革命家之巨子""新中国之卢骚"等，极表对章氏回国的欢迎。具体参见《欢迎鼓吹革命之文豪》，《民立报》1911年11月16日，第5页。

关注的是，在归国前不久，章太炎曾发表《诛政党》一文，该文言论本身便充满矛盾性。他一方面将政党类比传统朋党，批判朋党对革命事业有害；另一方面又表示"中国既安，各依其见为政党……调和斟酌，以成政事而利国家，不亦休乎"①，肯定政党在国家安定后的积极作用。由此可见，在章太炎的思想体系中，传统朋党与现代政党并非泾渭分明，从朋党转为政党似无不可，关键在于政党能否真正服务于国家利益，而非沦为党同伐异的工具。②

在此基础上，章太炎进一步提出"革命军起，革命党消"的主张③，倡议同盟会在推翻清廷专制后，应逐步转型为现代政党，以政党政治的形式参与国家建设。这种既疏离于同盟会又处处与之立异的态度，引发了同盟会内部的高度不满。激进派代表胡汉民直指章太炎已然成为立宪派人士逢迎拉拢的对象，认为其对同盟会的批判无异于"叛党"行为。④ 而孙中山虽仍将章视为"吾党"成员，但亦公开驳斥章氏"革命军起，革命党消"的言论，斥其为"儒生阘茸之言，无一粲之值"，强调此论与同盟会"本会主义"根本不符。⑤

与孙中山、胡汉民等革命党领袖相比，章太炎的政治主张明显与张謇等立宪派人物更为接近。事实上，双方在政党制度、政体设计等层面存在诸多共识，因而共同致力于组建稳健型政党，以与同盟会展开政治竞争。⑥ 同时，张謇在《为时政致黄克强函》中明确表示，国家统一是

---

① 该文最初分三次刊登于槟榔屿的《光华日报》上。参见章太炎：《诛政党》，上海人民出版社编：《章太炎全集》第10册，上海人民出版社2022年版，第386页。
② 需要指出的是，章太炎"朋党"和"政党"不做区分的思路，显然是对现代政党制度的误解。具体参见王汎森：《章太炎的思想——兼论其对儒学传统的冲击》，上海人民出版社2018年版，第133—134页。
③ 杨天宏：《政党建置与民初政制走向——从"革命军起，革命党消"口号的提出论起》，《近代史研究》2007年第2期；《章炳麟之消弭党见》，《大公报》1911年12月12日，第3版。
④ 胡汉民：《胡汉民自传》，传记文学出版社1982年版，第63页。
⑤ 孙中山：《中国同盟会意见书》，广东省社会科学院历史研究室、中国社会科学院近代史研究所中华民国史研究室、中山大学历史系孙中山研究室合编：《孙中山全集》第1卷，第577—579页。
⑥ 张謇和章太炎均认为对于各国立法制度只能"期适于我"，而不能简单因袭，明确提出"宪法不相袭，国势根本不同，未可削足适履"。参见汤志钧编：《章太炎年谱长编》，第378页。

政治建设的根本前提，而实现统一的第一要务即在于"章太炎所主张销去党名"。张氏特别向黄兴强调，此意绝非出于私怨或党争，而是"为民国前途计，绝无他意也"①。字里行间，透露出张謇对同盟会"本会主义"排他性的深切忧虑。

相较于张謇"得寸则寸，得尺则尺"的渐进式改革立场，章太炎的言论更具攻击性，其锋芒直指同盟会的"一党专制之势"。② 这类言论迅速引发全国舆论热议，更在同盟会内部造成深刻裂痕。最终，将同盟会改组为现代政党成为革命党内部的主流认识。1912年3月3日，同盟会正式在南京宣布改组为政党，此举可视为章太炎将同盟会政党化的主张的间接性胜利。③ 尽管改组暂时缓和了章太炎对同盟会的负面评价，但其对陈其美等革命党领袖的基本态度仍未发生实质转变。他仍厉声斥责同盟会高层"气焰尤甚，暴行孔多"，并将东南各地的革命党人斥为"悍兵暴客""不逞之徒"。④ 其言辞之激烈，连处事谨慎的张謇也不禁感叹"太炎过激"⑤。然而，随着统一党与民社等团体合并进程的推进，章太炎与张謇等人政治立场逐渐分化。张謇在日记中直言章氏"惑于谬说，意气甚张"，更批评其虽以文章见长，然"政治家非文章之士所得充"，表达了对章氏政治判断力的失望。⑥

1912年5月9日，章太炎在《统一党第一次报告》中激烈抨击南方政府的专横，但其锋芒更多指向对同盟会不满的"官僚派"。章氏尖锐指出，官僚派之所以痛斥同盟会，并非出于对政治前途的担忧，而是源于争权夺利的私心。他明确区分"暴乱"和"腐败"，认为同盟会所谓暴乱之弊尚可抑制，而旧官僚的腐败积习却难以根治，进而断言："立宪党、官僚派之害，过于同盟会远矣"⑦。章太炎此番言论表面看似

---

① 张謇：《致黄兴函》，李明勋、尤世玮主编：《张謇全集》第2册，第307页。
② 章太炎：《致梁启超书》，汤志钧编：《章太炎政论选集》下册，中华书局1977年版，第598页。
③ 杨天宏：《政党建置与民初政制走向——从"革命军起，革命党消"口号的提出论起》，《近代史研究》2007年第2期。
④ 章太炎：《致梁启超书》，汤志钧编：《章太炎政论选集》下册，第598页。
⑤ 张謇：《致王潜刚电》，李明勋、尤世玮主编：《张謇全集》第2册，第330页。
⑥ 张謇：《柳西草堂日记》，李明勋、尤世玮主编：《张謇全集》第8册，第737页。
⑦ 汤志钧编：《章太炎年谱长编》，第409页。

矛盾，实则内在自有一贯逻辑：他既拒绝为同盟会所驱使，亦不愿为立宪派人士所操控，试图在"同盟会"与"老立宪党和官僚派"外独树一帜。不过，尽管章氏自诩政治判断力远超普通书生，声称"政治是其专长，学问文艺只是失意时的消遣"①，但时人多将其激烈多变的言行视作"书生议政"的典型。事实上，无论是革命党人，还是立宪派人士，大多将章太炎视为可供借重的"偶像"②，而非真正的政治盟友。在孙中山与张謇心中，章太炎"书生议政"的形象已经根深蒂固，难以改变。③ 然而，也恰恰是这种激烈的异见，使得章太炎这类人物在民初政党政治转型之际，为社会提供了一种不可忽视的反思力量。他的言论为超越革命与立宪的二元叙事提供了外部参照，从中可窥见民初政局的复杂实态。

反观被孙中山誉为"吾党唯一柱石"④ 的陈其美，其形象在不同群体中的多重解读，恰是江苏立宪派与上海革命党政治理念与行为取向冲突的微观投射。江苏立宪派人士试图在陈其美带有暴力色彩的形象外，叠加其他负面标签，试图消解其政治合法性；而陈其美及上海革命党人则通过种种自我辩解与反驳，竭力为其革命实践寻求道义支撑。双方之间或明或暗的博弈颇具深意。上海宣布独立之后，陈其美迅速组建沪军都督府。稍后，随着江浙联军攻克南京，南北政治力量逐渐呈对立之势，革命党的"破坏性"特质在江苏立宪派人士眼中愈发凸显。尤其是在南京临时政府成立后，革命党一度走向权力中心，使得南京临时政府成为舆论抨击的焦点。作为上海革命势力的重要代表⑤，陈其美以沪军

---

① 周作人：《谢本师》，《语丝》1926 年第 94 期。
② 如盛先觉在致梁启超的信中指出："章太炎左右数人，嚣张浮华，专事阿谀，颇有视太炎为奇货可居之慨。"参见盛先觉：《致任公先生书》，丁文江、赵丰田编：《梁启超年谱长编》，第 574 页。
③ 如孙中山谓章太炎为"儒生"，张謇则谓其为"文章士"，而非"政治家"，对其论政能力多持怀疑态度。孙中山：《中国同盟会意见书》，广东省社会科学院历史研究室、中国社会科学院近代史研究所中华民国史研究室、中山大学历史系孙中山研究室合编：《孙中山全集》第 1 卷，第 578 页；张謇：《柳西草堂日记》，李明勋、尤世玮主编：《张謇全集》第 8 册，第 737 页。
④ 孙中山：《通告中华革命党各支分部函》，广东省社会科学院历史研究室、中国社会科学院近代史研究所中华民国史研究室、中山大学历史系孙中山研究室合编：《孙中山全集》第 4 卷，第 27 页。
⑤ 参见廖大伟：《辛亥革命与上海政治地位的提升》，《史林》2002 年第 2 期。

都督之职坐镇沪上,既以"豪侠"作风为人称道,又因牵连各方的强硬手段招致非议。

1912年1月初,江苏立宪派人士徐震、龙浩池等人纷纷致信陈其美,对其作风展开严厉批评。信中指责陈氏"无日不在清和坊等处,非酒即和",并讥讽其"连取小星四人"以及"进出必坐极华美极昂贵之汽车;府中上下人等,凡是稍优之缺,悉数以湖州人充之,一若都督府变成湖州同乡会也"。① 此类指控虽多源自街谈巷议,却迅速广泛流传,在当时不仅被小报当作花边新闻转载,更成为民众茶余饭后的谈资。甚至衍生出陈其美之兄陈其采刺杀孙中山的荒诞传闻。郑孝胥在日记中以"兄弟阋于墙"讽刺此事,折射出围绕陈其美的舆论风波不断。②

面对江苏立宪派的指控,陈其美在致徐震等人的回信中,展开激烈辩驳,试图洗刷负面形象。一方面,他斥传闻"实属奇异",坚称其所谓冶游行为实因"秘密结社之故"——因革命时期需借"花间为私议之场",将风月场所转化为地下联络点;另一方面,他进一步解释说"但今则军书旁午,日昃不遑,风月情怀,消磨殆尽",全然否认作风问题。③ 与此同时,由黄郛、徐葆英代笔回复龙浩池的信件中,也极力澄清陈其美既无娶妾之情,又无狎妓之状,将此类流言定性为汉奸离间民军的惯用伎俩,斥其为"无根之谈"。④

无论如何,这类街谈巷议的传闻,使陈其美博得了"风流都督"与"杨梅都督"的戏称。⑤ 事实上,除作风争议外,陈氏与会党的关系亦常成为舆论攻击的焦点。当时沪军都督府中,敢死队司令刘福彪出身草莽,却成为陈其美的得力干将。⑥ 这种土匪变革命将领的身份转换,加上革命后上海频频出现所谓强制募捐和"革命绑架案"——其中情节支

---

① 《龙浩池致陈都督函》,《民立报》1912年1月20日,第6页。
② 中国历史博物馆编,劳祖德整理:《郑孝胥日记》第3册,中华书局1993年版,第1384页;《愿与国人共察之》,《民立报》1912年1月20日,第6页。
③ 《沪都督复徐震书》,《民立报》1912年1月13日,第6页。
④ 《黄郛、许葆英代复龙浩池函》,《民立报》1912年1月20日,第6页。
⑤ 袁希洛:《我在辛亥革命时的一些经历和见闻》,中国人民政治协商会议全国委员会文史资料研究委员会编:《辛亥革命回忆录》第6集,中华书局1963年版,第285页。
⑥ 刘福彪曾在邑庙卖拳为生。参见傅墨正等:《辛亥上海光复前后(座谈会记录)》,中国人民政治协商会议全国委员会文史资料研究委员会编:《辛亥革命回忆录》第4集,中华书局1962年版,第4页。

离,或涉及土匪作乱,或揭露革命党手段粗暴——致使上海革命党领袖公信力受损。上海工部局也曾警告,革命党的这种粗暴作风可能会"带来极其严重的麻烦"①。例如,陈其美因草率处置陶骏保一案,在日后陷入了"无人道"和"无公理"的非议②;处理姚荣泽案时的强硬态度让江苏方面颇感无奈;而在宋汉章案中的处理方式更使伍廷芳愤怒异常,被斥"毫无知识,乃无赖贼之语"。③沪军都督府因陈其美的行事风格而被江苏立宪派人士渲染为"绿林盗窟",而陈其美却自诩"豪侠"风范,坚持认为"青红诸帮,为革命出力不少",实乃"以黑暗之境,导入光明"。④

1912年3月,陈其美被袁世凯任命为工商总长。表面上,沪军都督府与江苏都督府的纷争暂告平息。张謇在致友人的信函中亦称"陈有所归,苏之大幸",显见其对局势缓和抱持谨慎乐观态度。⑤ 然而,陈其美本人对于北上赴任一事却并不积极——因不满同盟会在袁世凯内阁中的职位分配,且识破袁氏所谓委任实为"调虎离山"的政治算计,他以需"结束沪军务"为由,迟不就职,实则有意拖延任命的实际履行。⑥

陈其美拒不北上赴任,激起了江苏舆论的激烈反弹。苏方舆论迅即转而攻击陈氏"拥兵自雄,军政府应撤不撤",斥其行为"梗国家之统一,增苏民之重累",乃至冠之以"国贼民仇"的极端标签。⑦ 这类指控措辞尖锐并且指向明确,既是对陈氏个人声誉的直接打击,也是对同盟会掌控上海政权的合法性的强烈质疑。面对持续的舆论攻讦与责难,

---

① 上海市档案馆编:《辛亥革命与上海——上海公共租界工部局档案选译》,中西书局2011年版,第44页。
② 参见骚心:《陶璞卿传》,傅德华编:《于右任辛亥文集》,复旦大学出版社1986年版,第230—234页。
③ 中国历史博物馆编,劳祖德整理:《郑孝胥日记》第3册,第1411页。
④ 莫永明、范然:《陈英士纪年》,第175页。
⑤ 张謇:《致王潜刚电》,李明勋、尤世玮主编:《张謇全集》第2册,第330页。
⑥ 在黄兴的职位分配问题上,陈其美表现出强烈不满。当时同盟会试图为黄兴谋陆军总长职位,但袁世凯却命其嫡系段祺瑞担任该职,仅将参谋总长之位授予黄兴。张謇也曾建议袁世凯任命黄兴为参谋总长、段祺瑞为陆军总长。参见莫永明、范然:《陈英士纪年》,第151页;张謇:《致袁世凯电》,李明勋、尤世玮主编:《张謇全集》第2册,第309页。
⑦ 戴天仇:《伤革命》,何仲箫编:《陈英士先生纪念全集》上集,文海出版社1973年版,第194页。

陈其美逐渐失去了最初试图辩解与安抚的耐心，转而以"革命正统"论来全力反击。他强调沪军都督一职因"革命事业而发生"，并言此职位"既非赵孟之所贵，自非赵孟所能贱"，暗示其权力并非来源于袁世凯政府的任命，而是由革命本身的正当性所赋予，故后起的江苏籍参议员及其他反对者并无资格对其品头论足。①

这种基于革命正统论的自我定位，并非陈其美一人之见，实则反映出同盟会内部对"革命正统"与"旧官僚政治"的二元区分思维。这一思维模式亦体现在谭人凤、戴季陶等同盟会元老的论述中。戴季陶在《伤革命》一文中，对"江苏旅京人士"指控陈其美"盘踞沪上，拥兵自雄……动摇国本"等言论嗤之以鼻。他反驳到，陈其美作为同盟会资深党员，革命资历深厚，于上海起义劳苦功高，既为"实行革命之人"，又为"建设共和之人"。戴氏进一步反讽道："中华民国由革命而来者也……陈其美为实行革命之人，吾更知其为巩固国本之人，而此辈乃谓光复中华者为民仇，为国贼，是有意破坏民国，破坏共和也，孰为民仇，孰为国贼?"② 这番激烈辩驳不仅彰显了同盟会对江苏方面攻讦的全面反击，更暴露了双方立场实在难以调和。

居正的《梅川日记》中详细记述了南京临时政府组建期间的种种乱象，尤其对旧官僚的政治投机行为表现出强烈不满。居正指出，"旧官僚模棱两可，畏首畏尾，哪里可与言革命、讲共和"③。由此可见，革命党在建构革命正统性时，明显有意将自身塑造为共和正统的捍卫者，而将江苏立宪派人士定位为保守势力的象征。正是在这种二元对立的认知框架下，革命党为陈其美辩护的行为，实际上加剧了与江苏立宪派人士的对立。在革命党看来，既然旧官僚被视为革命的阻碍者和投机者，那么江苏方面对陈其美的各种攻击，也自然属于"娼嫉之徒"的"造言诬蔑"。而陈其美本人不仅毫不畏惧敌意舆论，反而以"刀锯斧钺之不惧，何有于宵小之流言"的姿态作出回应，从而树立起无所畏惧的革命

---

① 莫永咏、范然：《陈英士纪年》，第183页。
② 戴天仇：《伤革命》，何仲箫编：《陈英士先生纪念全集》，第194—196页。
③ 居正：《梅川日记》，陈三井、居蜜主编：《居正先生全集》上册，台北"中央研究院"近代史研究所1998年版，第184页。

者形象。①

此外，在陈其美的部属张承槱、刘福彪等草莽出身的革命者眼中，陈氏具有绿林豪杰气概，天然适合镇守上海这等战略要地；②而在其本人以及胡汉民、李平书等辈的印象中，陈其美更多被强调具有"书生革命家"风范。这种叙事刻意淡化了江苏立宪派人士所指控的"暴戾之气"，转而强调其文人特质。例如，陈其美常自谓"其美一书生耳"③；胡汉民更将其与同盟会元老并称为"革命书生"④；李平书在回忆录中亦感叹陈其美"乃一恂恂儒者，咸出意外"⑤；李显谟亦感慨其"一介书生"的气质⑥。

然而，这种"书生革命家"和"绿林豪杰"的两面性，在江苏立宪派人士看来，却存有难以调和的矛盾。他们更倾向于从陈其美与会党的密切关系，以及其"盘踞沪上不去"等方面着眼，将陈氏塑造为"盗贼"形象，并由此衍生出沪军都督府为"绿林盗窟"的想象。这种敌意的投射，既是江苏立宪派人士地方主义与同盟会本会主义之间矛盾的体现，也成为实现江苏行政整合的一大难题。

此外，清廷权威迅速崩解，革命党势力于东南地区确立主导地位。在剧烈的政治变局中，清政府虽不再是造成局势混乱的最大肇因，但革命党所期盼的肇建共和后秩序自然恢复的理想却迅速破灭。民初政坛呈现的并非和平建国的蓝图，而是纷繁动荡的政治乱局。⑦这种现实与理想间的巨大落差，不仅打击了许多革命派人士的信心，也促使其内部开始反思既往策略。其中，宋教仁对此深感忧虑。他一方面认识到革命党人行事过于激烈与流于理想主义，另一方面也坦言革命后社会秩序的重

---

① 李平书著，方尔同标点：《李平书七十自叙》，第64页。
② 张承槱：《辛亥革命上海光复实录》，冯自由：《革命逸史》第5集，中华书局1981年版，第245—267页。
③ 陈其美：《沪都督复江苏教育会唐文治等函》，《时报》1911年11月16日，第4页。
④ 胡汉民：《胡汉民自传》，第57页。
⑤ 李平书著，方尔同标点：《李平书七十自叙》，第58页。
⑥ 李显谟：《沪防全军将士恭送陈英士先生文》，《群学会杂俎》1912年第2期。
⑦ 参见耿云志：《从革命党与立宪派的论战看双方民主思想的准备》，《近代史研究》2001年第6期。

建远比推翻旧政权更为艰难。① 在民初各方谋求和平建国的背景下,暴力革命的正当性逐渐式微,原本在辛亥革命初期具有广泛动员力的"排满"等激进纲领,不仅成为立宪派人士攻击的靶点,更在革命党内部引发广泛争议。一时间,革命党内部意见纷纭、各执一词,陷入组织认同的混乱困局,最终不得不以"政党"之名取代"革命党",试图通过身份转型实现政治立场的调整。

然而,正当宋教仁等人雄心勃勃地试图通过政党政治获取合法权力之际,社会舆论对革命党事业的期待却在急剧消退。从民初各方言论可见,革命党所宣扬的"人道"与"公理",逐渐为"秩序"与"稳定"的诉求所取代,而激进的革命手段反被视作政局动荡的根源。在此背景下,无论身处中央政府还是作为反对派,革命党始终难以摆脱"激进派"的标签,其核心成员亦常被视为扰乱政局之人。

需要指出的是,革命党中不少成员虽然主张与立宪派人士合作,实则他们始终对立宪派心存戒虑。例如,宋教仁曾与张謇等立宪派人士协商组建一"稳健之政党";孙中山也多次提出"无故无新"等主张,以凸显同盟会的包容性。但在具体政治实践中,尤其是南京临时政府组阁之际,革命党对立宪派的排斥态度便显露无遗。被立宪派人士视为温和稳健的宋教仁,在提名各部内阁成员时坚决反对旧官僚出任要职;孙中山亦执意不让财政、外交等重要职位落入张謇、伍廷芳等立宪派人士手中。② 这种言辞与行动的分歧,背后固然有党派博弈的现实考量,实则也暴露出革命党对相对保守者长期积累的不信任。

由于这种张力持续存在,沪军都督陈其美等人在面对江苏立宪派的攻讦时,只能再度以"革命正统"说反击。然而,此时的社会语境早已

---

① 黄兴、蔡元培等人均有类似表达,宋教仁也试图组建一稳健政党。章太炎曾提及:"遁初(宋教仁)尝言,选择同盟会中稳健分子,集为政党,变名更署,与同盟会分离。"蔡元培亦曾向孙中山建议同盟会重组应"惟才能是陈,不问其党与省也",孙虽善其言,然终认为"倘合一炉而治之,恐不足以服人心,且招天下之反对"。参见章太炎:《消弭党争书》,汤志钧编:《章太炎年谱长编》,第397页。孙中山:《复蔡元培函》,广东省社会科学院历史研究室、中国社会科学院近代史研究所中华民国史研究室、中山大学历史系孙中山研究室合编:《孙中山全集》第2卷,第19页。

② 仇鳌:《辛亥革命前后杂忆》,中国人民政治协商会议全国委员会文史资料研究委员会编:《辛亥革命回忆录》第1集,中华书局1961年版,第447页。

发生根本转变——辛亥革命后权力格局在南北之间悄然重构,"革命正统"说在新的社会语境中不免沦为空洞口号,难以获得主流舆论认同。江苏立宪派人士不仅对陈其美的反驳不以为然,反而借此佐证陈氏的偏执与专横,将其固化为"暴徒""无赖"的负面形象。

在这场不断升级的政治论战和权力竞争中,革命党与立宪派之间的认知偏差使得双方对立日益加剧。虽然宋教仁一度颇受章太炎和立宪派人士倚重,但所得评价亦不过"差可"而已[①],不过是革命党阵营中相对温和的代表。宋氏本人虽不排斥与立宪派进行有限合作,却始终坚决反对旧官僚进入南京临时政府的权力中枢,尤其警惕其主导政务。正是在这种相互的刻板印象中,上海革命党与江苏立宪派之间的裂隙,非但没有因为共同经历革命而弥合,反而在新政权建立初期更趋明显。这一矛盾在有关沪军都督府存废问题的争议中展现得淋漓尽致。

---

① 章太炎曾在与其弟子黄侃的信中提到:"同盟会人亦惟此君差可,非谓中国惟此材也。"参见章太炎:《与黄季刚书》,汤志钧编:《章太炎年谱长编》,第400页。

第四章 沪军都督府的存废与地方博弈

DI SI ZHANG

第四章 沪军都督府的存废与地方博弈

第一节 上海光复初期的权力对峙格局

武昌起义爆发后,清廷以"鄂乱"称之,革命党则冠之以"首义",双方对事件的称谓与定性分歧,实则折射出根本立场的对立。即便如此,武昌一役迅速成为举世瞩目的焦点,时局随之骤然生变,江汉地区一时成为政治重心。

武昌起义爆发之际,时人的第一反应多是惊愕①,继而流言蜂起,社会情绪陷入高度紧张。在剧烈的局势变动中,不同阶层对起义的认知与反应呈现出显著差异。以学堂学生群体为例,叶圣陶与吴宓的态度颇具代表性:前者因长期憧憬革命,听闻各地起义消息后倍感欣喜,甚至寄望新政体的诞生;后者则因身处清廷统治核心的北京,而深陷忧虑与不安。尽管两人处境和态度迥异,却均认定武昌起义为非同寻常的"举义",且视武昌为革命党本部,认为其"在鄂设施制度,一切迥有规模,气象蒸蒸,方兴未艾",显现出与过往地方起义迥然不同的面貌。②

在外国观察者看来,武昌起义的组织化程度与文明气象令人瞩目。因此,列强决定暂持中立不干涉政策。而处长江下游的上海,一方面激进舆论高涨,为武昌起义奔走鼓呼,提出种种策略设想;但其设想的战

---

① 例如,归国留学生徐生在回忆中着重描述了革命爆发时的茫然感:"辛亥那年革命,真是很奇怪的事。在那年八月以前,任何明眼人,也看不出有革命的事来……武昌的噩耗便传来了,大家跟做梦一般,也不知怎回事。不过消息一天比一天坏……留学生考完之后,清朝的运命,已然告终了。"参见儒丐:《徐生自传》第141回,《盛京时报》1922年12月12日,第5版。

② 吴宓著,吴学昭整理:《吴宓日记 第1册:1910~1915》,生活·读书·新知三联书店1998年版,第171页。

区大多集中于河南、南昌、南京等地,反而较少论及上海本身。① 这种倾向既反映出上海租界环境下的相对稳定,也折射出彼时革命党并未将上海视作首要起义据点,而是寄望南方其他省份率先响应。简言之,在当时绝大多数人的认知中,上海更多被视为避难之所,而非起义前线。②

事实上,前述构想在上海革命党内部早有定论。早在武昌起义爆发前,宋教仁、谭人凤、居正、陈其美等人已在上海筹建同盟会中部总会③,其战略主旨与宋教仁"三策论"中的中策(稳健路线)一致,即主张"在长江流域各省同时大举,设立政府,然后北伐"④。这一部署的核心意图,在于扭转广东多次起义失败后的颓势,以长江流域为轴心重建革命之势。尽管此种部署隐含着革命党各自为政的离散倾向,但整体战略仍以两湖为重心、武汉为先导。武昌起义之后,上海革命党人多以舆论宣传为先,同时秘密筹划起义,试图唤起民众支持。⑤ 除舆论鼓噪外,上海革命党在实际操作上也有明确规划。其工作重心在于:一方面"联络商团,媾通士绅"⑥,另一方面静待南京方面率先发难以及苏杭两地先动,以求在区域联动中达成上海起义的突破点。⑦ 光复会方

---

① 如宋教仁在获悉武昌起义后,即明确将战略重心置于武昌,称"今日天下之形势,重在武昌"。参见宋教仁:《湖北形势地理说》,陈旭麓主编:《宋教仁集》,中华书局2011年版,第406页。
② 吴宓离京南下时提及,上海等租界因避难者激增而物价飞涨:"顾近日人之逃向津沪者多不胜数,船价一切涨溢数倍……余此时即使至上海,彼地人多地狭,物价腾昂,余父子将何以为食?"吴宓著,吴学昭整理:《吴宓日记 第1册:1910~1915》,第173—174页。
③ 同盟会中部总会于1911年7月31日在上海成立,其成立既是对广州起义失败后宋教仁等部分革党人反思孙中山"边地起义"策略的回应,也是对当时黄兴、胡汉民等人主导局势的策略性调整。参见杨谱笙记:《中国同盟会中部总会史料》,上海社会科学院历史研究所编:《辛亥革命在上海史料选辑》,第5—24页。
④ "三策论"乃是对孙中山长期致力于两广起义策略的修正。具体参见邹永成口述,杨思义笔记:《邹永成回忆录》,《近代史资料》1956年第3期;徐血儿:《宋先生教仁传略》,上海社会科学院历史研究所编:《辛亥革命在上海史料选辑》,第943页。
⑤ 因为上海舆论的鼓吹,彼时社会上大有"人心思汉,蠢蠢动矣"的迹象。参见钱基博:《辛亥江南光复实录》,中国史学会主编:《辛亥革命》第7册,上海人民出版社1957年版,第43页。
⑥ 沈焕唐:《上海光复前夕的一次重要会议》,中国人民政治协商会议全国委员会文史资料研究委员会编:《辛亥革命回忆录》第4集,第48页。
⑦ 沈焕唐:《上海光复前夕的一次重要会议》,中国人民政治协商会议全国委员会文史资料研究委员会编:《辛亥革命回忆录》第4集,第48页。

面，李燮和抵沪后亦表达了类似观点，强调淞沪若"不得苏、杭响应，事终不成"，主张"分途进行"的协同策略。①

然而，局势演变远超预期。汉口失守之后，黄兴与宋教仁急电陈其美，促其速在江苏、浙江和安徽三省发动起义以策应武昌危局。此时，清军正调兵遣将，准备从江南制造局调运军火支援武昌冯国璋等部。鉴于"非东南急起响应，无以救武汉之危"，陈其美毅然决定转变战略，提出"上海先动，苏杭应之"的应变方案。②

1911年11月2日，陈其美与李燮和会面商订新的上海起义计划。其间，李氏起初仍坚持待苏杭举事后再行动，认为上海贸然起事乃"危道"；陈其美则根据最新情报，向李氏详述清军秘密调防动向，强调战机稍纵即逝。最终，两人决议于次日下午四时举事。③ 据此可见，上海率先发难并非蓄谋已久，而是在外援不及、局势危急之下的权宜之举，带有明显的冒险色彩。

上海地方官员方面，苏松太道刘燕翼早在10月29日前便已公开承认"没有力量守城……起义军在任何时候都能够占领它"④。因此，关于上海起义之前的态势，许多研究仍聚焦上海革命党与清军的兵力装备对比，试图以此解释上海起义的可行性。然而，此类分析显然忽略了革命党的战略意图。进言之，革命党的目标绝非仅局限于光复上海，更着眼于起义成功后新政权的合法性建构与秩序稳定。正是在此背景下，上海革命党萌生"中央"意识，视上海为革命秩序重建的中枢。这一构想与单纯夺取地方政权存在根本区别，彰显出革命党人的政治视野已突破传统行政区划的束缚。进言之，陈其美等人在上海起义中策略选择的深

---

① 上海社会科学院历史研究所编：《辛亥革命在上海史料选辑》，第1235页。

② 李平书：《哀文》，《沈缦云先生年谱》附言，转引自廖大伟：《辛亥革命与上海政治地位的提升》，《史林》2002年第2期。吴怀疢等人并不认同上海率先响应的主张，他们认为若上海首义，苏、松两地的清军极可能迅速赶赴上海增援，届时沪方将难以抵御。参见李宗武：《辛亥革命上海光复纪要》，中国人民政治协商会议上海市委员会文史资料工作委员会编：《辛亥革命七十周年——文史资料纪念专辑》，上海人民出版社1981年版，第149页。

③ 参见钱基博：《辛亥江南光复实录》，中国史学会主编：《辛亥革命》第7册，第46页。

④ 类似叙述在蓝皮书中多次出现，当时上海道台致力于围绕上海租界筹建中立地带，但是该计划最终被外交团否决。《朱尔典爵士致格雷爵士电》（1911年10月29日），胡滨译：《英国蓝皮书有关辛亥革命资料选译》，中华书局1984年版，第9页。

层原因，并非基于传统王朝的行政体系，而是以革命正统为根基，地方认同色彩相对薄弱。这种内在张力，成为日后沪苏权力之争的核心议题。

1911年11月3日，上海革命党发动起义。当天清晨，陈其美即以军政府名义照会李平书，劝其出任民政总长，同时劝说伍廷芳主持外交事务。与此同时，陈其美方面在当天即将"一件盖有中华民国军政府关防的公文"正式递交英国驻上海总领事馆，以期获得列强对军政府政权合法性的承认。① 事实上，上海宣布独立相较于武昌之激战显然颇为顺利，付出的代价相对较小。起义前革命党曾担忧苏州与南京方面的清军会对上海形成夹击之势。② 然局势并未如预期发展，上海局面也随即逐渐趋于稳定，民心亦未出现剧烈动荡。

11月4日至6日，在沪军都督府正式组建前，上海地方政权名目繁杂，名号使用亦极为混乱。各类报纸与布告时而称"军政府"，时而称"军政分府"，措辞各异，致使统属关系模糊不清。11月5日，《申报》刊出《军政分府宣言书》，但其新闻引语却题作"军政府宣言书"。引语与新闻标题的矛盾，无疑反映出当时政令发布的权威象征尚未完全统一。③ 尽管如此，陈其美等同盟会人士，在"军政府"与"军政分府"尚属混淆之际，其文告展现的气势已迅速超越上海地域范畴，措辞间俨然以中央政权自居，甚至自称"江东革命军"，代表"江、浙、皖、闽"诸省，更宣称"念我苏、浙等省，民困已久，暴征苛税，是皆满清之虐……用特将江、浙、皖、闽境内一切恶税，尽行豁免，以抒我父老

---

① 《朱尔典爵士致格雷爵士函》（1911年11月15日），胡滨译：《英国蓝皮书有关辛亥革命资料选译》，第106页。
② 幸运的是，南京方面，两江总督张人骏受到英国方面压力，答应英方"顾全大局，必不以兵赴沪"，故无法利用铁路运输军队以应对上海起义之事。同时，苏州方面，江苏巡抚先是拒绝了上海道台的派兵请援，后又于11月5日宣布独立。因此，上海革命党才免受夹击。具体参见《朱尔典爵士致格雷爵士电》（1911年11月5日），胡滨译：《英国蓝皮书有关辛亥革命资料选译》，第42页；《江督致上海绅商电》，《申报》1911年11月5日，第1张第4版。
③ 此外，余芷江、张志鹤亦曾回忆说："军政府存在的时间很短，连徽章都没有发过……军政府的存在还不满一天"。参见《军政分府宣言书》，《申报》1911年11月5日，第1张第4版；傅墨正等：《辛亥上海光复前后（座谈会记录）》，中国人民政治协商会议全国委员会文史资料研究委员会编：《辛亥革命回忆录》第4集，第11页。

之难，而免奔亡之苦"①。此类表述显然超越地方政权定位，不仅展现了陈其美等人的施政抱负，更暗示了其以上海为基地取代旧政权的意图。

与此同时，陈其美在致张勋的书信、檄文以及镇江等地的安民布告中，屡次以"中央"自居②，彰显其在新政权中攫取主导地位的政治意图。李平书亦曾言："上海之起义，与武昌别为一事……惟彼此理想目的皆同，将来终当合并为一，同居一国旗、一政体之下。"③此语虽强调革命力量的联合统一，却也折射出上海、武昌两地互设壁垒、各自为政的实际状态。

此外，英国驻华总领事朱尔典（John Newell Jordan）在观察上海局势演变时，已将其视为"起义军政府中央机构的总部所在地"，并对军政府维护租界安全的声明表示认可。④可见上海革命政权虽未获全国普遍承认，却已被列强初步视作政治中心。这种"中央意识"的形成，一方面固然与当时革命派与立宪派共同的"联邦制"倾向有关⑤，另一方面更与上海同盟会内部根深蒂固的"本会主义"思维密切相关。

早在上海起义前，黄兴便在致陈其美等人的书信中反思广州之役败因。黄氏指出，广州起义时同盟会因"纯慕文明参议制度"而忽略军事纪律，因而要求上海党人于发难之事"非专断不可"，更提出"一军之中，情愿有一劣将，不愿有两良将"的策略原则。⑥此种思路，实乃同盟会"本会主义"在具体军事策略上的体现。此外，据章天觉回忆，陈

---

① 佚名：《中华民国军光复上海记》，上海社会科学院历史研究所编：《辛亥革命在上海史料选辑》，第39页。
② 陈其美：《沪都督致张勋书》，《时报》1911年11月15日，第6版；《上海军政分府檄镇江文》《上海军政分府檄浙江、福建文》，《民立报》1911年11月6日，第1页。
③ 《军政分府纪事录》，《申报》1911年11月6日，第1张第5版。
④ 《朱尔典爵士致格雷爵士电》（1911年11月6日），胡滨译：《英国蓝皮书有关辛亥革命资料选译》，第44页。
⑤ 黄兴于11月1日致函宋教仁、杨谱笙，表示"亟盼宁、皖响应"，而宋教仁亦致函陈其美、杨谱笙等人，表达谋宁、皖响应之意。在这种联邦设计中，上海的定位多为联络和筹备之地，而非起义的主要地区。黄兴：《致冯自由书》《致陈其美等书》，湖南省社会科学院编：《黄兴集》，中华书局1981年版，第66、68页；上海社会科学院历史研究所编：《辛亥革命在上海史料选辑》，第22—24页。
⑥ 黄兴：《致陈其美等书》，湖南省社会科学院编：《黄兴集》，第67—68页。

其美亦颇持以同盟会为中心的革命正统观。①尽管章氏的回忆情节多支离，且不乏讹误，但参酌光复会人士的相关言论可知，陈其美在争夺地方主导权方面确实立场坚定、手段果断。②其直接结果即为他成功排挤李燮和，自任沪军都督，迫使李氏转赴吴淞另立军政分府。

事实上，上海革命党在起义成功之初，即极力塑造其革命正统形象，并在政治上与武汉划清界限，以巩固其在东南革命中的领导地位。这一策略成效显著——租界舆论与外国列强普遍将上海视作"起义军政府中央机构的总部所在地"③，足见陈其美等人的努力已部分取得成效。而这种"中央意识"的崛起，不仅奠定了同盟会在东南地区的核心地位，更预示着辛亥革命进程中多元政治力量在围绕全国政治中心建构的复杂博弈。

反观苏州方面，明显遵循传统行政区划的路子，自我定位为地方层面的起义。程德全的起义实则在某种程度上带有被迫色彩。程氏最初意图在于"保境安民"，旨在维持地方秩序与社会安定；但在各地纷纷响应起义、革命浪潮席卷全国的局势下，其策略不得不转向在维持地方秩序基础上谋求更大范围的秩序重建。这种转变与上海革命党的目标形成根本冲突——上海方面以同盟会革命正统自居，试图构建以革命党为主导的全国性政权架构，并使上海成为中枢；而江苏方面则倾向于调和各方，尤其是革命派内部矛盾与南北政权关系，试图将上海纳入江苏政治统一的框架。双方在政权合法性根基、上海行政地位及归属问题上的分歧由此日益激化。

11月9日，唐文治等立宪派人士向沪军都督陈其美呈书，认可"大局尚未全定"的现实，并指出在具体施政上应以军事为先。他们指出，陈其美既然已经率先在沪建立革命军政府，其举措自具合理性与正当性。此外，唐氏等人亦对陈其美进行革命的动机表示肯定。然而，在

---

① 章天觉著，杜春和、丘权政整理：《回忆辛亥》，《辛亥革命史丛刊》编辑组编：《辛亥革命史丛刊》第2辑，中华书局1980年版，第154—166页。
② 因陈其美与陶焕章等人多有矛盾，故在许多光复会成员眼中，陈氏形象并不佳。具体参见汤仁泽：《同盟会中部总会和上海光复》，《史林》2006年第3期。
③ 《朱尔典爵士致格雷爵士电》（1911年11月6日），胡滨译：《英国蓝皮书有关辛亥革命资料选译》，第44页。

对陈氏军事行动持肯定立场的同时,唐文治等人亦表达出另一层关切:

> 若夫其他行政事宜,尽可统全省为一致,今苏垣恢复后,各军队及各属士民公推程都督主持一切,诚足以副全省之望。文治等深知程都督热心国事,锐意改革,旧日各督抚无可与之并立者。上海亦苏省之一部分,若行政亦经分立,殊于全省统一有碍,拟请从长计议。①

此段表述既确立了程德全的地位德望,又委婉提出军政分离,将上海行政归入苏政一统的主张。面对苏方的主张,陈其美迅速复函回应,称当前"北伐南征"为要务,而"布置内政,暂时均责成民政部长",并明确表示:"苏省敉平后,民政各事,自以由程都督统辖为宜。惟应今日之情势,驻沪各军,不能不有所统摄,故敝处专注重于进取事宜"②。陈氏复函虽表面承认江苏行政统一的原则,然其言语之间仍流露出维持上海革命军独立地位的意图,尤其是以"进取"之名,设法使沪军的自治行为合理化。

这般模棱两可的回应,虽在形式上暂时缓解了沪苏间的紧张关系,却无疑为后续纷争埋下了隐患。值得注意的是,陈其美在复函中既未彻底否定旧行政体系,亦未明言上海地位实在苏州之上,体现出其对革命正统性与地方秩序的审慎权衡。事实上,陈氏所谓"苏省敉平后,民政各事,自以由程都督统辖为宜"的表述,在苏州方面看来,无异于缓兵之计。相较之下,谭人凤在后续致陈其美的书信中特别强调:"都督一职,乃吾党起事时法律之所规定,与虏廷督抚制不同"③,其核心意图在于凸显革命政府的正统性根源,反对轻易向旧有行政制度妥协。

随着局势渐趋稳定,各地新政权普遍萌生组建临时中央政权的诉求,一则整合军事和政务,二则争取列强承认。1911年11月7日与11月9日,湖北方面黎元洪即向各地军政府发出电报,倡议以武昌为"中

---

① 《唐蔚之等上沪军都督府书》,《申报》1911年11月12日,第2张第2版。
② 《沪都督复江苏教育会唐君文治等函》,《时报》1911年11月16日,第4页。
③ 谭人凤:《致陈其美请留任沪督书》,石芳勤编:《谭人凤集》,湖南人民出版社2008年版,第34—35页。

央临时政府所在",并邀请各省派代表赴鄂筹建临时中央政府之事;但由于"芜湖至九江电线损坏",江浙方面未能及时收到来自武昌的电报。① 与此同时,立宪派人士亦察觉到,因起事仓促,江苏各地多有"一省之中,往往此一都督、彼一司令"的乱局,迫切希望整合地方政权,以重建秩序。②

据吴乾兑先生研究,程德全等人在此前已试图绕开沪军都督府,联合各地立宪派势力筹建一个广泛包容各方势力的"全国会议团",以期平衡新旧各方势力。③ 然而随着局势发展,程德全等人意识到直接联合各省军政府的路径阻力甚大,遂转而以清末旧谘议局为基础,"拟联合都督府,组成临时政府"。④ 11月11日,程德全与汤寿潜联名致电沪军都督陈其美,建议在上海筹组临时会议机关,"磋商对内、对外要善之方法,以期保疆土之统一,复人道之和平"。⑤ 对此,陈其美于11月13日复电各省都督。值得玩味的是,陈氏的复电中刻意略去了程、汤二人的倡议,仅以"湖北黎都督及镇江林都督两处专电"为据,倡议"商请会举代表,定期迅赴上海公开大会,议建临时政府,总持一切,以立国基,而定大局"。⑥ 此电文暗藏双重策略:一方面,发电对象直指各都督府,间接承认上海仍属江苏行政序列;另一方面,措辞间显露出上海主导中央政府筹建的意图,俨然以"中央政权"自居。

此种刻意绕开未宣布独立省份与旧有谘议局的做法,自然引发江苏立宪派的强烈不满。相较之下,江苏方面更倾向于主张"如有都督府者,均并电都督府、谘议局;无都督府者,只电谘议局",显见其对旧

---

① 参见张孝若:《辛亥革命前后及南京政府成立(节录张季直先生传记)》,中国史学会主编:《辛亥革命》第8册,第49页。
② 《拟召集各省联合代表会议电稿》,上海社会科学院历史研究所编:《辛亥革命在上海史料选辑》,第1072页。
③ 该会议的发起者共计18人,除宋教仁、于右任属于同盟会成员外,其余皆为"立宪党"与"旧官僚"群体。其中,江苏方面的发起人为唐文治、张謇、赵凤昌、庄蕴宽,而程德全则作为四川代表参与发起。参见吴乾兑:《沪军都督府与南京临时政府的筹建》,《史林》1992年第4期;《组织全国会议团通告书稿》,上海社会科学院历史研究所编:《辛亥革命在上海史料选辑》,第1051—1052页。
④ 汤志钧主编:《近代上海大事记》,上海辞书出版社1989年版,第706页。
⑤ 《苏州程都督、杭州汤都督致沪都督电》,《民立报》1911年11月14日,第2页。
⑥ 《沪军都督陈通电各省都督文》,《民立报》1911年11月14日,第5页。

有行政制度更为重视。① 对此,袁希洛曾指出:"陈其美任沪军都督后,发起组织各省代表团,商议组织中华民国临时政府。陈主张代表由各省都督指派,江苏人士则主张由各省临时省议会或谘议局推出代表,因此两者之间发生了摩擦,进行了明争暗斗"②。最终双方达成妥协,决定共同组建各省都督府代表会议,并由沪军都督府与江苏都督府分别提交代表名单。这一安排实则标志着上海已经在事实上取得相对独立地位,其行政地位从苏省下属区域,升格为临时政权的平等参与方。11月15日,"各省都督府代表联合会"正式成立,标志着上海暂时脱离江苏行政框架的约束。

然而,张謇等立宪派人士仍期望江浙沪三方协同,以构建统一的新政权。在他们看来,应采取调和之策,以促成南北革命势力的整合。张謇等人主张"政府设鄂、议会设沪",试图通过职能划分实现两地的权力平衡。③ 11月20日,各省都督府联合代表会决议:"认鄂军为民国中央军政府,即以武昌都督府执行中央政务,统筹全局,划一军令。其中央军政府组织,请贵都督府制定"④,而上海仅被允许设立通讯机关。未料不久后汉口失守,黎元洪权力削弱,武昌政治地位下降。此时黄兴自汉口抵沪,得到陈其美大力拥护,上海的政治影响力随之攀升。基于此,上海通讯机关竟直接越过武汉会议,并自行推举黄兴为大元帅。⑤ 此举无疑展现了上海革命党人与鄂方的权力竞争态势。

从1911年11月初上海起义至次年南京临时政府正式成立,这一阶段既是南方革命政权成型的关键阶段,也是江浙地区权力格局重塑的微

---

① 《江浙两省代表雷奋等致各省电》,上海社会科学院历史研究所编:《辛亥革命在上海史料选辑》,第1063页。

② 袁希洛:《我在辛亥革命时的一些经历和见闻》,中国人民政治协商会议全国委员会文史资料研究委员会编:《辛亥革命回忆录》第6集,第286页。

③ 此函当于11月14至11月16日间发出,彼时苏州与武昌方面电讯尚未通畅,故意见不甚明了。参见《张謇等致庄蕴宽密函》,上海社会科学院历史研究所编:《辛亥革命在上海史料选辑》,第1070页。

④ 《看看代表》,《民立报》1911年11月22日,第5页;刘星楠:《辛亥各省代表会议日志》,中国人民政治协商会议全国委员会文史资料研究委员会编:《辛亥革命回忆录》第6集,第242页。

⑤ 此后关于黄、黎两人谁为正、谁为副的问题尚有争论。具体参见廖大伟:《各省都督府代表联合会述论》,《史林》1998年第3期。

妙过渡期。其间，江苏立宪派人士曾多次表达维护苏政统一的诉求。以唐文治等人为代表的江苏地方士绅明确主张上海应仍归属江苏治理，理由是避免政令分歧和地方分裂。而对于这一主张，沪军都督陈其美虽屡次以"革命进行"为由推脱，强调军事动员优先，却在措辞中流露出"苏省敉平"之后，上海当整合到苏政体系之下的意向。在当时，此类表述虽未触及根本矛盾，且在形式上缓和了双方关系，却为后续政治分歧的爆发埋下隐患。

实际上，沪军都督府自成立伊始，即以"革命正统"自居，不仅将"革命"作为权力合法性的根基，在行动上更以收复南京为托词。这一姿态在早期尚可借军事行动进行掩饰，但随着南京光复、南方各省基本底定，围绕政权归属、政治代表性与中央合法性的问题渐次凸显。陈其美等同盟会人士侧重强调自身正统性，往往忽视旧谘议局体系与立宪派参与的必要性。这种"本会主义"立场，致使江苏立宪派疑窦渐生，甚至演化为敌意。

稍后，革命形势的发展进一步加剧了南北政局的对立，尤其是江浙联军攻克南京之后，革命党的强势作风引发了广泛忧虑。立宪派内部不少人对革命走向持保留态度。1911年12月，康有为门人罗瘿公便致书梁启超，指责革命党"在沪中而不从革党者，地位极危险"[①]；数日后，梁启超复书，亦直言"共和之病，今已见端，不出三月，国民必将厌破坏事业若蛇蝎，渴思所以治之"[②]。这些言论既反映出立宪派对革命引发社会失序与政治动荡的深切担忧，也揭示了他们对同盟会"本会主义"倾向的忧虑。

进入1912年1月，孙中山就任临时大总统后，革命派与袁世凯围绕清帝退位条件等问题频现分歧。此时，在许多立宪派人士眼中，"革命"已不仅不再是国家政治转型的必由之路，反而日益成为权力博弈与社会动荡的根源。[③] 与此同时，沪苏双方在临时政府组织形态、援鄂部署、建都选址、参议院代表推举等一系列具体议题上的矛盾日益尖锐。

---

① 丁文江、赵丰田编：《梁启超年谱长编》，第568页。
② 丁文江、赵丰田编：《梁启超年谱长编》，第570页。
③ 张礼恒：《论辛亥革命期间伍廷芳与革命党人的关系》，《近代史研究》2002年第1期。

1912年2月清帝退位后，孙中山领导的南京临时政府即面临北方政权的接收压力。在多方政治博弈下，南京政权与北方政权完成权势转移。南京临时政府改组为"南京留守府"，仅保留象征性机构，但实质上已丧失全国性领导地位；同盟会亦自此转为在野政党，其成员亦逐步失去主导政局的政治舞台。

在此背景下，江苏地方政治格局重新洗牌。江苏立宪派重掌话语权，以陈其美代表的上海革命党人，开始被贴上"恋栈"和"破坏统一"的负面标签。在江苏主流舆论中，沪军都督府逐渐被视为妨碍苏政完整、南北统一与秩序重建的障碍。围绕沪军都督府的裁废问题，新一轮政治博弈就此展开。

第二节　建制博弈：通埠自治与省域统合的较量

1912年2月12日，清帝颁布退位诏书。次日，孙中山宣布辞去临时大总统职务，举荐袁世凯继任。至此，南北实现形式上的统一，南京政府与北京政府完成了名义上的权力交接。① 随之而来的，是政治格局的重大转变。袁世凯所代表的北方政权迅速取得合法性，成为事实上的"政府党"，而原本掌握政权的同盟会则退居在野，以"民党"自居。② 自此，南北双方完成了权势转移。

在此背景下，全国舆论风向骤变，报刊论调亦随之调整。就连许多同盟会系统的报纸也纷纷转变口径，转而以在野党姿态发声，试图借助"全国之舆论"力量，以纠正"政府之不善"，谋求通过舆论监督影响政局走向。③ 陈其美在批准《民权报》创刊时曾明确表示："案照一国之内，不患在朝之多小人，而患在野之无君子，不患政权之不我操，而患

---

① 郭廷以编著：《中华民国史事日志》第1册，台北"中央研究院"近代史研究所1979年版，第23页。

② 1912年，徐佛苏致梁启超函谈及日后国中局面时则谓"国中将来党派，其一为现政府党，袁为魁；其一为民党，孙为魁"。参见丁文江、赵丰田编：《梁启超年谱长编》，第599页。

③ 血儿：《民立报之宣誓》，《民立报》1912年2月23日，第2页。

无正当之言论机关以为监督"①。此言论既反映出同盟会丧失实权后的策略转向,亦凸显了其试图通过舆论与政党政治重塑影响力的意图。

如果说同盟会开始以"民党"身份谋求通过政党政治重新掌控权力中枢②,那么江苏立宪派人士则多数站在袁世凯一方,自视为"政府党"的支持者。早在1911年11月11日,张謇、庄蕴宽、雷奋、杨廷栋、沈恩孚等江苏立宪派人士,便已商议设立临时议会,以"保守秩序"为名稳固地方政权。③ 在江浙联军攻克南京前后,更提议"公推程都督暂驻南京,趁此并宁、苏为一",意在通过变更苏军都督府驻地的形式,完成对南京的行政整合。④ 南京光复之后,程德全果然以江苏都督身份进驻南京,名义上实现了苏宁两地政务的统一。

然而,程德全入驻南京不久,即以同盟会一系"颇难说话"为由托病辞职,并举荐庄蕴宽代理江苏都督职务。程氏去职后,孙中山随即以"苏州事务甚繁"为由,电促庄蕴宽"移驻苏垣",而将南京作为建都备选。⑤ 此举使南京得以借临时政府中央驻地之名义,与江苏方面的苏政统一诉求形成对抗,进而形成了事实上的行政分治局面。相比之下,上海虽具"通埠"特性,却因处于"县治"地位而成为冲突的焦点,在行政权属上受多方掣肘,实际治理亦困难重重。

1912年2月11日,《申报》刊登陈其美致孙中山电文。电文中陈其美就沪苏之间的行政关系大发牢骚。在陈氏看来,上海在"东南光复"和"北伐"过程中功勋卓著,而沪军都督府更是"几兼交通、外务、司法、军政、财政……几综东南枢纽门户,统筹兼顾而独任"。然而,上海虽因通埠地位使得"人人得而备",却因"县治"的尴尬处境,

---

① 《民权报立案》,《时报》1912年3月8日,第5页。
② 民初政党政治的相关研究可参见张玉法:《民国初年的政党》,岳麓书社2004年版。
③ 程德全和张謇都很重视议会的作用。1911年11月16日,程德全即以江苏都督名义发出告示,表示江苏临时议会即将成立,并指出该会议员资格"以江苏谘议局议员充之"。同时期,张謇也呼吁江苏临时议会成立后,江苏人士当不应再存宁属和苏属的成见。参见《江苏都督召集临时议会通电》,《申报》1911年11月15日,第1张第4版;《苏都督召集临时议会通告》,《新闻报》1911年11月16日,第1张第3版。
④ 《张謇致赵凤昌密函》,上海社会科学院历史研究所编:《辛亥革命在上海史料选辑》,第1063页。
⑤ 《专电》,《申报》1912年1月10日,第1张第2版。

导致"事事为人阻扰",行政处境愈加尴尬。① 如前所述,上海存在"通埠"与"县治"的属性冲突,此前观念层面的矛盾尚不显著,但在实际治理中,此种矛盾便日益凸显了。

在陈其美看来,都督一职"非原官制,非关地域,但因革命事实而发生此特设之官",但在政令不一、体制混乱的情势下,因"管辖上既无统一之权",导致沪苏之间"事实上乃有冲突之势"。简言之,沪苏两地"骈枝之诮",正是此种格局的产物。② 至此,革命初期所追求的理想秩序,已演变为具体的政治权力博弈场域,观念上的矛盾在行政层面集中爆发。如果说陈其美最初在回应唐文治等江苏立宪派人士时,尚可以"苏省敉平后"民政权归于程德全为托词,那么在苏政统一呼声高涨的局势下,其坚持上海自主性的立场便愈发会被视作"恋栈"。加之陈其美浓厚的同盟会"本会主义"色彩,既以维护革命正统为己任,又不惜动用行政实权抗衡各方,致使外界舆论愈发视其为阻碍苏政整合和南北统一的对立者。陈其美的内心苦闷难以向外界言说,只有向孙中山吐露——其电文言辞间不仅有委婉的抱怨,更暗示谋求江苏都督职位的意图。

在陈其美看来,若沪苏行政必须重新整合,与其将实权让渡他人,不如由自己兼摄江苏都督,以居中调和、统筹全局,从而实现名实合一的地方权力结构。尽管陈其美在致孙中山的电文中并未明言此意图,但其亲信及支持者已率先造势,并且以"公意"之名,径直呈请孙中山,力荐陈其美为江苏都督,谓其乃该职的不二人选。1912年2月17日,沪军第一师师长吴绍璘、第二师师长黄郛、光复军总司令李征五及团长蒋志清等人联名致电孙中山,正式请求孙氏改派陈其美为江苏都督。观其电文内容可知,吴绍璘等人显然难以正面驳斥时下要求"苏政统一"的社会舆论,然而在维护革命果实的考量下,又必须为陈其美谋取江苏都督一职,遂转而尝试将"苏政统一"与"革命功绩"连接起来。他们在电文中强调,东南各地得以率先光复,陈其美居功至伟;至于此前苏、宁方面政务未能纳入统一管理,实因陈氏专注于上海革命事务,分

---

① 《呈请取消沪军都督》,《申报》1912年2月11日,第7版。
② 《呈请取消沪军都督》,《申报》1912年2月11日,第7版。

身乏术,才由他人"暂行代理"。既然社会舆论普遍呼吁苏政整合,"取消沪军,推陈公都督江苏"便被视为顺理成章之举,故希望得到孙中山的首肯与明文支持。①

同日,上海商务总会陈润夫等人亦联名致电孙中山,其论证逻辑与吴绍璘等军方人士基本一致。鉴于其上海地方商人身份,电文中尤为强调陈其美在维持沪上秩序、保障工商安稳方面的能力。值得注意的是,陈润夫当时作为旧式商界领袖,其主导的上海商务总会正受到来自革命党系统内朱葆三新设上海商务公所的排挤。②陈润夫此时出面联署支持陈其美,某种程度上亦可视为向陈其美阵营释放善意之举,意在彰显其趋新立场。

耐人寻味的是,在该联署电文中,其他签名者如王震、朱葆三、沈懋昭、叶增铭等,既是同盟会中坚力量,亦为陈其美的重要臂助,日后在"二次革命"期间更明确站在陈氏一方。由此可见,此次商界联电虽表面上由旧式商人陈润夫领衔,实则是新旧商人在革命时局下的策略性合作。这种跨阵营协作从侧面反映出沪上公意构成的复杂性。

反观孙中山的回应,亦颇耐人寻味。在致陈其美的复电中,孙中山指出"上海为江南要区,非有大将镇守,不能维持一切……望勉为其难,勿怀退志"③。此语虽然肯定了陈其美沪军都督一职的重要性,但也回避了江苏都督任命的核心争议,仅以劝慰之词鼓励陈氏继续留任沪军都督,足见孙氏在维持党内平衡与应对全国舆论诉求之间的审慎考量。其更为明确的立场则体现于回复沪军吴绍璘和上海商务总会陈润夫等人的电文中:

> 陈都督为民国首功之人,必不能听其告退,本总统已有电慰留。惟苏督一职,须由地方议会公举,不能由中央派委,若经正式选举,本总统无不同意也。④

---

① 《淞沪军界电》,《申报》1912年2月21日,第7版。
② 徐鼎新、钱小明:《上海总商会史(1902—1929)》,上海社会科学院出版社1991年版,第179—187页。
③ 《孙总统慰留沪军都督电》,《时事新报》1912年2月21日,第2张第2版。
④ 《孙总统致沪军第一师长吴少璘电》,《时事新报》1912年2月22日,第2张第2版。

第四章 沪军都督府的存废与地方博弈

言下之意，孙中山既肯定陈其美资历功勋，又以"地方议会公举"为由规避直接委任的责任。这番回应措辞温和却暗藏分寸，透露出孙中山对陈其美兼任苏军都督一事的无奈态度。与此同时，黄兴在获悉陈氏有意请辞沪军都督后，亦发电慰留，劝其"以大局为重，辅助中央，筹画善后一切"，并特别强调，如果"于军事交通上失公援助，宁中秩序恐致紊乱"。① 由此可见，尽管同盟会高层普遍肯定陈其美的革命功绩与行政才能，但在面对地方人事博弈与舆论呼声的双重压力下，只能采取模糊策略，力求尽可能维持现状以避免冲突。

不久之后，1912 年 2 月 27 日，孙中山再次致电陈其美，言辞恳切地劝其勿再萌生退意。② 但陈其美次日在复电中仍坚持辞职，并陈述沪督任内的困境，谓"南北统一，战事告终，时局则已达和平，办事动辄棘手"③。此时，革命党内部关于北伐、讨袁等激进言论已经大为收敛，作为激进派代表的柳亚子等人主办的《天铎报》亦渐趋沉寂。④ 恰在陈其美电请辞职之日，谭人凤致电临时政府，针对"沪督去留"所引发的舆论风波表明立场。

谭人凤认为，沪督之设本为同盟会既定方略，系依据党人起义时拟定的行政架构自然演化而成，其合法性毋庸置疑，断不可援引清朝旧制予以裁撤。⑤ 谭氏言辞激烈，直斥谋划取消沪军都督者为"倡议则居人后，毁成则在人先"，更讥讽道："苟非阴为曹马之地，必其人不复知世间有羞耻事也"。⑥ 其间言辞，既饱含对反对派的不满，亦体现对革命正统性的坚守。在他看来，陈其美身为革命元勋，理应继续执掌沪军都督一职，而非以个人处境为由轻言辞职。

---

① 莫永明、范然：《陈英士纪年》，第 141 页。
② 孙中山：《致陈其美电》，广东省社会科学院历史研究室、中国社会科学院近代史研究所中华民国史研究室、中山大学历史系孙中山研究室合编：《孙中山全集》第 2 卷，第 134 页。
③ 《陈其美致电孙中山》，《南京临时政府公报》第 27 号《附录》，1912 年 3 月 2 日，第 4 页。
④ 柳亚子等《天铎报》同人言辞多激进，主张积极讨伐袁世凯并反对议和，然最终亦无奈接受现实，除"气愤极了"外别无办法。参见柳亚子：《我和南社的关系》，柳亚子著，柳无忌编：《南社纪略》，上海人民出版社 1983 年版，第 38—41 页。
⑤ 谭人凤：《为沪督去留问题致孙中山、黄兴电》，石芳勤编：《谭人凤集》，第 34 页。
⑥ 谭人凤：《为沪督去留问题致孙中山、黄兴电》，石芳勤编：《谭人凤集》，第 34 页。

与此同时，谭人凤还致函陈其美，语重心长，力劝其勿辞沪督之职。信中强调："都督一职，乃吾党起事时法律之所规定……不能以己意取消"，并进一步以"不智、不仁、不勇、不信"四端责备陈氏，信尾更警告若其"犹以孤节鸣高，图个人之便利，则党中最后之手段将于公施之"。① 谭人凤作为同盟会早期元老，素以性情刚直著称②，其此番言辞虽看似责备，实则暗含对陈其美的强烈支持。

然而，诚如谭氏所言，陈其美能否兼任江苏都督，已非个人意志所能左右。实际上，尽管孙中山、黄兴、谭人凤等革命高层纷纷电文慰留，陈其美此时所面对的，已非单纯的人事任命争议，而是牵涉同盟会革命合法性、江苏省临时省议会诉求以及立宪派反对势力等多方博弈。有鉴于此，陈其美亦只能作苦苦支撑状，故在回复谭人凤的函中感慨："公等非岸畔闲人，何以不知舟中人支持之苦？"③ 当然，孙中山等人并非不解个中艰辛。彼时孙中山因定都、借款、参议院等多重问题，与以立宪派人士为主的江苏省临时议会关系日趋紧张。在此背景下，孙氏对陈其美的慰留之举，自然引发江苏地方议会的不满。苏省议员更是公开批评道："江苏者，江苏人民之江苏，非都督之江苏，亦非大总统之江苏。"④ 此电文言辞尖锐，充分体现了民初中央与地方在行政权限上的紧张关系。

面对此般困局，陈其美深知争持无望，只能退而求其次，表现出勉为其难的姿态。3月9日，陈氏在复电上海共和建设会⑤等团体时便表态称："夫都督去留，应观事实。事实当去，挽我不留；事实当留，推之不去"⑥。尽管此言措辞委婉，亦不免透露出其心力交瘁、不愿强争之意。同时，陈其美也表明仍愿"延沪督之灵魂，非敢将顺舆情"，自

---

① 谭人凤：《致陈其美请留任沪督书》，石芳勤编：《谭人凤集》，第34—35页。
② 章炳麟：《前长江巡阅使谭君墓志铭》，卞孝萱、唐文权编：《辛亥人物碑传集》，团结出版社1991年版，第77页。
③ 莫永明、范然：《陈英士纪年》，第146页。
④ 《江苏临时省议会电》，《申报》1912年2月21日，第7版。
⑤ "共和建设会"与沪军都督府关系极为密切，而陈其美也出任"中华共和促进会"的名誉副会长。参见上海社会科学院历史研究所编：《辛亥革命在上海史料选辑》，第756—759页、801页。
⑥ 《陈都督力顾大局》，《民主报》1912年3月9日，第10页。

认革命使命未竟,欲以"革命时代之运动手腕,为共和国民之调和人员"。① 陈氏这番言论虽与苏省舆论明显对立,却道尽其身处多方压力下的进退维谷之困。

除了公开借"公意"之名为陈其美谋求江苏都督之职,上海同盟会人士亦在暗中积极运作。1912年3月23日,杨谱笙、沈翔云致电孙中山,力主陈其美调任江苏都督,称"一因临时政府合并南北组织而成,中央地点非有重人重兵监督,前途可虑……同人不主英长交通,而主苏督",并对苏省议会提出尖锐批评,指其"尤有绝大流弊……本满清谘议局之变相"。② 杨谱笙、沈翔云两人不仅为陈其美同乡旧识,亦同为同盟会骨干,与陈氏关系匪浅,因此其言论在一定程度上可视为同盟会内部重要意见的体现。如前所述,陈其美虽有意谋求江苏都督之职,但在当时,地方权力结构相对独立,"中央行政不及于各省,各部亦备员而已",凸显出民初中央政府对地方的控制力极为有限。③ 此外,江苏省临时省议会权势颇盛、立场独立,常与南京临时政府抵牾,同盟会虽有志于主导江苏地方事务,然因现实掣肘难有实质性突破,最终只得作罢。

1912年3月,陈其美被任命为工商总长。张謇在致友人的信函中称"陈有所归,苏之大幸"④。表面上看,这一安排似为调和沪苏之争和南北纷争的折中之举,有助于缓解江苏与上海、南方与北方的紧张关系。然而,无论是此前拟任的交通总长,抑或当下的工商总长,于同盟会而言皆属无足轻重的虚职,可谓名存实亡,难以借此实现政治抱负。此前围绕陆军总长人选的争议中,张謇等江苏立宪派人士与同盟会立场对立,最终该职由北洋系段祺瑞出任,而黄兴亦坚辞参谋总长之职,改任南京留守府留守。这一系列人事安排,不仅体现了各派力量角逐的复杂态势,也反映出南方同盟会在现实政治中的妥协姿态。

1912年4月1日,孙中山正式辞去临时大总统职务,革命党在南

---

① 《陈都督力顾大局》,《民主报》1912年3月9日,第10页。
② 《杨谱笙、沈翔云致孙中山电》,黄彦、李伯新选编:《孙中山藏档选编(辛亥革命前后)》,中华书局1986年版,第587—588页。
③ 胡汉民:《胡汉民自传》,第65页。
④ 张謇:《致王潜刚电》,李明勋、尤世玮主编:《张謇全集》第2册,第330页。

京仅存留守府这一机构。不过,南京留守府职权有限,仅负责维持秩序与裁撤兵员,财政大权则仍集中于北京财政部,所需经费须逐项申请拨付,事权极为有限。① 换言之,南京留守府虽保留名称,实则已无"留守"之实。

在新的政治格局下,孙中山亦转而强调"民生主义"和"社会革命",提出"政治革命今已告成,余更拟发起一更大之社会革命,此社会革命之事业不用兵力而用和平办法"。② 此种论调,既是对现实政治困境的回应,亦表现出其试图为同盟会寻找新政治方向的努力。

就陈其美而言,他因不愿就任工商总长,已然成为众矢之的,甚至被视作阻碍苏政统一的最大阻碍。此前办理宋汉章案时,陈氏以强硬手段将地方案件升格为民国层面的政治事件,其言行本质上仍是借革命正统性抗衡地方权力。③ 即便沪军都督府已降格为江苏都督府下属机构,陈其美仍自视为民国政权的捍卫者,绕开江苏行政系统,并将对方的攻讦斥为"流俗"。在此对峙态势下,陈氏愈发倾向于采取强硬态度,甚至"甘冒不韪",坚持己见,所作所为无疑彰显了其强硬果决的行政风格。④

不过,随着南京临时政府的撤销,南京留守府因财政拮据而形同虚设,南京的政治中心地位迅速衰落。有鉴于此,张謇等人主张"苏都督亟应移驻宁垣,以资镇慑",试图借此加强江苏对南京的控制。⑤ 稍后,袁世凯正式任命程德全为江苏都督。程氏于4月22日抱病就任,并以治病为由,于4月30日前往南京,着手推进苏政统一。⑥

---

① 具体参见郭廷以编著:《中华民国史事日志》第1册,第37页;朱宗震:《程德全与民初政潮》,《历史研究》1991年第6期。
② 这一时期孙中山的类似论述颇为常见。例如,1912年3月31日,孙氏出席南京同盟会会员饯别会,并发表了关于"社会革命"与"民生主义"的演说,称"英美诸国社会革命,或须用武力;而中国社会革命,则不必用武力";4月3日在沪演讲时又强调,今后应该将注意力集中到"民生主义"等议题上。参见陈锡祺主编:《孙中山年谱长编》,中华书局1991年版,第686页;孙中山:《在南京同盟会会员饯别会的演说》,广东省社会科学院历史研究室、中国社会科学院近代史研究所中华民国史研究室、中山大学历史系孙中山研究室合编:《孙中山全集》第2卷,第319页。
③ 莫永明、范然:《陈英士纪年》,第159—162页。
④ 莫永明、范然:《陈英士纪年》,第155—157页。
⑤ 张謇:《致袁世凯电》,李明勋、尤世玮主编:《张謇全集》第2册,第328页。
⑥ 具体参见朱宗震:《程德全与民初政潮》,《历史研究》1991年第6期。

上海的行政归属问题随政局演变迅速再度成为焦点。上海市政厅市长莫锡纶虽与李平书等人交好，然因非同盟会一系，敏锐察觉到南京留守府撤除后，上海终将重新纳入江苏统辖的趋势。1912年4月5日，莫锡纶等人向江苏省临时省议会呈文提出："此后军务平定，而地居冲要，应与高级官厅直接……本市之政权统系应仿欧美各国自由都市之办法，直隶于省会官厅，一面仍与民政长接洽"①。此举显系上海地方官员基于对政局走向的判断而作出的主动适应，旨在苏政整合后，最大限度维系上海行政的自主性。

1912年4月11日，陈其美发布告谕，向沪军将士宣告"沪军都督一职，不日即将取消"，同时表示其是否北上就任工商总长一职"尚待斟酌"。② 尽管如此，工商总长一职最终由王正廷代理，陈氏本人始终未赴任。③ 他虽表面上再三宣称"本都督行将交卸"④，却迟迟未采取实质行动，继续留任沪督达数月之久。此番举动，自然引发了社会舆论的不满，批评言论也逐渐从质疑其阻碍苏政整合，转为严厉指控其"盘踞沪上，拥兵自重"。其中，尤以《申报》"自由谈"专栏为甚。自1912年4月起，"自由谈"栏目即不断刊发针砭陈其美的言论，并多以"游戏文章""新世说""新论语""新孟子""新四书"等讽世体裁，尖锐嘲讽其私德与专横。其中狎妓、挥霍等话题成为主要攻击点，相关言论日发不辍，成为街头巷尾的谈资。例如，一位署名"了青"的作者便作《赠某都督》诗，字里行间充满讽刺意味，几乎囊括了时人对陈其美的种种不满：

挥金如土最情长，多少龟奴赖小康。我有护身兵甲在，国民谁敢不倾囊。

昨宵恶梦记犹真，绕柱危机险杀身。何幸余生能自乐，任他笑骂有旁人。⑤

---

① 《咨商上海市政厅之统系》，《申报》1912年4月5日，第7版。
② 《沪军都督一职不日即须取消》，《时报》1912年4月12日，第5页。
③ ［日］服部龙二编：《王正廷回顾录》，东京中央大学出版部2008年版，第70页。
④ 《上海民政总长存废问题》，《民立报》1912年4月30日，第10页。
⑤ 了青：《赠某都督》，《申报》1912年7月8日，第3张第2版。

此打油诗虽不甚高明，却直击舆论攻讦要点，影射陈其美既无廉耻，又以兵力为恃，漠视共和秩序。面对汹涌舆情，陈氏并非全然不知，却有苦难言。1912年5月10日，他在祭奠黄花岗七十二烈士时，曾公开表达对政局的深切忧虑。陈氏指出，民国虽已肇建，然"今日之现象，讵足以慰公等，适增公等悲耳……美岂惟悲公等，抑为吾民国前途悲焉"，更称"来日大难"，言辞间充满哀思与无奈。①

此外，政局的演变进一步加剧了陈其美的孤立处境。1912年5月31日，南京留守府正式撤销，上海失去政治依托，陈氏压力倍增。沪地虽然富庶繁华，但由于其所倚赖的政治后盾已然崩塌，陈氏地位更显脆弱。参议院议员张鹤等遂公开质疑陈氏"抗不交卸""拥兵自卫，使江苏军政不能统一"，措辞极为严厉。② 面对指责，陈其美辩解称"上海地位在军兴时为民军大本营、总兵站，又当外交冲要"，因此若"上海一有变乱，动关全局"。③ 此说虽有现实考量成分，但显然难以消除外界对其迟迟不卸任沪军都督职务的疑虑。

《天铎报》主笔戴季陶则以更为激烈的言辞为陈氏辩护。他认为，攻击陈其美者，实为"反对同盟会，遂及陈其美"之表现，称陈其美乃肇建共和功臣，而反讥攻讦者"是有意破坏民国，破坏共和"。然而，戴氏在疾呼之余，亦流露出深重的无力感。戴氏进而一语道破民初政局的荒诞现实："共和成矣，孙文也，黄兴也，胡汉民也，陈其美也，皆宜乎人之攻击之也。世间无公理，强权而已；天下无是非，成败而已。举世皆盗贼，复何言哉。"④ 这番悲叹，既反映出同盟会内部诸多党人对民国早期政治生态的深切忧虑，亦道出革命者在权力博弈中的心力交瘁之感。此种愤懑无奈的情绪在同盟会内部激进者中普遍存在。1913年元旦，同盟会人士高旭所赋诗也同样流露出类似情绪：

> 新朝甲子旧神州，老子心期算略酬。摇笔动关天下计，倾樽长抱古人忧。剧怜肝胆存屠狗，失笑衣冠尽沐猴。满地江湖容放浪，

---

① 陈其美：《吊黄花岗殉难诸先烈文》，《民立报》1912年5月22日，第11页。
② 《参议员张鹤等质问沪军都督抗不交卸书》，《申报》1912年7月9日，第2版。
③ 《沪都督对于参议院之意见》，《民立报》1912年7月15日，第3页。
④ 戴天仇：《伤革命》，何仲箫编：《陈英士先生纪念全集》，第196页。

明朝持钓弄扁舟。①

诗中以隐居的渔翁自况，基调凄愤，既有"剧怜肝胆存屠狗"的悲愤，亦有"满地江湖容放浪"的退意，充分显示出革命志士在理想破灭后的痛楚与悲凉心境。

1912年7月12日，袁世凯最终公布了全国12名都督名单，陈其美终未列名。事实上，自1912年4月后，陈其美即已宣布停止发放沪军军饷②，致使军中士气日下，财政压力剧增，沪军都督府裁撤已不可逆转。8月1日，陈其美正式发表辞职通电，重申其职务源于革命"事实上之必要"。对于延迟卸任，陈氏强调上海一地"动关全局"，称自身有苦难言，绝非贪恋权位。此封通电字里行间充满自我辩解之意，足见其苦状。③

相较于公开发表的通电，在未发出的该电草稿中，陈其美直言不讳，不仅直接道出此中苦楚，更对外界指责予以反击：

> 其美一革命党员，本无兵柄，所以忽然而有兵，亦由革命事实上发生……若夫都督之称，亦仍由革命事业而发生者，既非赵孟之所贵，自非赵孟所能贱。④

虽借"赵孟贵贱"之典明志，回击了谤者的攻讦，但陈其美终究以一种悲怆的方式谢幕。至此，沪军都督府正式退出历史舞台，沪苏两地围绕行政归属权的博弈亦尘埃落定。

---

① 高旭：《元旦》，郭长海、金菊贞编：《高旭集》，社会科学文献出版社2003年版，第178页。
② 上海市档案馆编：《辛亥革命与上海——上海公共租界工部局档案选译》，第194、198页。
③ 《陈其美解职宣言》，《时报》1912年8月3日，第4页。
④ 陈其美：《解职宣言》，何仲箫编：《陈英士先生纪念全集》，第207页。

结　语

　　清末民初的上海，历来被学界置于中西交汇的语境中加以考察，而时人对上海的认知亦呈现出多重面向：一方面，内地读书人常将上海视作西方文明在中国的缩影，无论是使用"夷域"还是"洋场"之类的描述，都表明上海在其眼中迥异于传统中国城市，与内地之间形成了"两个世界"的认知分野。① 另一方面，身处沪上的士人群体，则往往基于"租界"与"华界"的空间划分，建构出另一重"两个世界"的想象图景。在这种双重认知中，上海"通埠"的属性不断被强化，其地位与价值也随之与西式文明深度绑定。然而，作为"县治"建制的一部分，上海的"行政属县"身份却鲜为后人充分论述。事实上，清代上海县隶属松江府，而松江府又属江苏省辖，这一行政层级在当时读书人心中乃属不言自明的常识。问题在于，这种"常识"究竟是如何建立并维系的？它在清末民初剧烈的政治社会变动中又如何被重塑，甚至成为革命派与立宪派政治博弈的话语资源？

　　学界既往对于传统与现代过渡进程的认知，多倾向于从"延续"或"断裂"的视角展开。然而，若具体考察上海"通埠"与"县治"双重身份在清末民初的历史演变，便不难发现，这两重属性在辛亥革命之前并未形成显著张力，二者的关系更多表现为并存与互补的状态；即便在辛亥革命之后，"江苏上海人"这一地域认同的观念依然被社会广泛接受，似乎尚未受到激烈挑战。直至上海革命党与江苏立宪派围绕继续革

---

① 李鸿章曾对李平书说："君是上海人，当与洋人习，何不度德，不量力乃尔？"参见李平书著，方尔同标点：《李平书七十自叙》，第45页。

命与秩序稳定的理念分歧爆发尖锐冲突后,上海"通埠"与"县治"的内在张力才逐渐凸显,成为行政归属博弈的焦点。这一政治紧张的出现,不仅为后来"上海人"意识的兴起埋下伏笔,也标志着近代地方认同的建构取径发生了重要转向。

基于此,本书以观念与实践的互动为逻辑主线展开论述。前两章侧重从观念史维度,呈现"通埠"与"县治"双重属性下上海读书人群体的心态嬗变。具体而言,第一章聚焦上海"通埠"地位确立的历史背景,试图剖析传统士人对上海认知的演变轨迹及其在"一市三治"的制度格局下跃升为全国公共舆论中心的过程。上海自开埠以来,迅速成为西风东渐的前沿阵地。在王韬等早期读书人笔下,上海被视作"夷场",是"华风"遭受"西俗"浸染的场域;在传统"道器论"的支配下,上海读书人几乎是最早一批谨慎接纳西方器物,同时又坚守中国文化本位的知识群体。然而,三十年后,随着康有为、梁启超等新式人物渐次登上历史舞台,上海"夷场"的刻板印象日益被"洋场"取代,其作为趋新思潮前沿的特质日益凸显,最终发展为改良与革命话语的重要策源地之一。至20世纪初,胡适自安徽绩溪赴沪求学时,上海已俨然成为塑造"新人物"的时代熔炉。

与此同时,甲午战争的冲击促使全国性舆论空间加速勃兴,上海凭借特殊的权力格局与舆论环境,顺势成为近代中国公共舆论的策源地。戊戌政变后,许多维新运动的参与者纷纷选择上海作为避难之所与发声重镇。在"一市三治"的格局下,上海的公共舆论空间正式形成,致使"庙堂之外"的议论的影响力隐隐超过"庙堂之内"的诏令,推动读书人完成从"传统士人"到"新式知识人"的身份蜕变。这一身份再造,不仅构成地方认同转型的历史前提,更使上海的"通埠"属性在全国舆论中的意义得以进一步扩大。

第二章将视角重新聚焦上海的"县治"身份,着重考察传统士人与新式留学生在地域归属认知上的差异与延续。以李平书为例,他的交游与科举网络始终以苏属为中心,其地域认同亦从"上海人"延伸至"苏属人士"等传统地理单元,但始终未越出苏属范围,而苏宁之间依旧存在"一省两世界"的地缘区隔。进入20世纪初期,随着"国民""民族主义"等新概念的广泛传播,部分江苏留日学生开始尝试以新观念为依托,建构江苏整体的知识图景。他们不再仅仅以"县邑"来定位地方,而是将其纳入"乡—国"的新序列。然而,这一整合虽体现了观念层面的革新,其具体方式却在很大程度上仍依赖传统"省府州县"的行政框架,由此凸显出思想革新与制度惯性之间的复杂张力。事实上,无论是传统科举出身的士人还是新式留学生群体,在"江苏上海人"这一复合身份的认知上并未产生剧烈冲突,这恰恰展现出地域认同在新旧交替之际所具有的延续性与包容性。

从观念史视角观察,清末上海"通埠"与"县治"的双重属性在思想激荡中维持着相对平衡,并未全面崩解。然而,这种态势在辛亥革命爆发后却未能延续。正是在1911年上海与苏州相继宣告独立之后,沪军都督府与江苏都督府围绕革命与秩序展开政治博弈,上海原本平衡的双重属性被重新拆解,并成为双方势力政争的重要思想资源。第三、四章即以此为主轴,转入实践层面的探讨,旨在呈现在革命风潮与制度转型的剧烈碰撞中,沪苏两地在政治主张与地方治理思路上的分歧与断裂。

第三章重点分析上海革命党与江苏立宪派如何将上海"通埠"与"县治"的身份特质融入自身话语体系,并在政治博弈中灵活加以运用。上海起义之后,同盟会地方组织自觉承续"本会主义"传统,以革命正统自居,以"中央"姿态领导全国革命,积极推进"北伐"等全国性议程。与之形成对比的是,以张謇等人为代表的江苏立宪派,则试图以"地方"自守为根本立足点,强调维持秩序和苏政统一的重要性。革命初起之时,作为"县治"的上海迅速崛起为革命中心,而江苏方面则因态度谨慎,刻意与上海革命派人士保持距离。

随着革命进程的推进,沪苏双方的分歧日益尖锐,开始有策略地围绕上海的独特属性展开激烈博弈。不过,这场博弈呈现出吊诡的矛盾局面:上海革命党为确立自身的正统性,高举"通埠"上海的特殊性旗帜,将其定位为"中央",将自身的正统性建构于革命权威之上;江苏立宪派人士则以"县治"上海的传统归属为依据,试图将其纳入江苏都督府的统辖体系。在这场权力与话语权的争夺中,上海革命党将江苏立宪派描绘为保守的旧官僚,而立宪派则将革命党视作激进的暴乱者。这种认知对立不断升级,致使双方矛盾持续加深,进而加剧了对上海行政权属的争夺态势。

第四章则进一步剖析沪军都督府存废之争背后的政治博弈，呈现上海"通埠"与"县治"双重属性在革命派与立宪派角力中的具体作用。在陈其美等革命党人看来，在上海设立都督府乃革命设计的应有之义，而上海因其"通埠"特性，在财政、外交等方面具有全国性影响力，故理应成为革命的核心枢纽。表面上他们并未直接否认上海行政上隶属江苏的传统观念，依然遵守原有行政区划，但在实际操作上却突破既有行政体系框架，试图重构权力格局。这种策略集中体现于陈其美谋求江苏都督职位一事上。随着政局演变，南北统一逐渐成为舆论主流。在此背景下，江苏立宪派开始不断强调恢复地方秩序的重要性，以"县治"归属为据，试图将上海重新纳入江苏行政体系；而革命党方面则不愿轻易放弃对上海的控制权，寄望陈其美出任江苏都督，以实现沪苏整合。

然而，时局的变化彻底打乱了革命党的计划。随着政治重心北移、同盟会势力式微，陈其美谋任江苏都督一职以失败告终。与此同时，舆论对其拥兵沪上的批评愈演愈烈。在此语境下，沪军都督府被视为苏政重新整合的主要障碍，其存在本身已成为江苏立宪派攻击的重要标靶。陈其美等人在各类报纸新闻中迅速被贴上"盘踞沪上，拥兵自重"的负面标签，上海革命党人不得不再次借助"革命正统"的话语展开自我辩护。然而，这一策略虽取得短期成效，却未能阻挡权力格局的整体转向。随着南京临时政府裁撤、南京留守府解散，沪军都督府的依恃不复存在，地位岌岌可危。最终，在苏政整合的舆论浪潮中，存续将近九个月的沪军都督府终于宣告裁撤。从这一历史结局来看，"县治"属性的上海显然压倒了"通埠"属性的上海。不过，上海重新纳入苏政体系的意义，不仅在于行政权的回归，更在于地方认同思维模式的重大转变。自辛亥革命后，传统中国地方人士从"本乡"逐层向上延展的地域认同，正式转型为现代国家行政体系中自上而下的地域认同逻辑。

无论如何，清末民初的上海，不仅是中西文明交汇的重要节点，更是地域认同与权力博弈的前沿阵地。在此过程中，近代上海逐渐形成的"通埠"与"县治"双重属性既彼此交织，又存在内在张力。其历史演变轨迹，深刻反映了近代中国地域认同与政治博弈间的复杂性。透过观念与实践的互动，我们或可更为深入地理解地域认同的近代转型及其在现代政区体系建构过程中所起的重要作用。

参考文献

一、中文史料

（一）报刊

《民立报》
《南京临时政府公报》
《申报》
《时报》
《时事新报》
《新闻报》
《强学报》
《江苏》第 1—10 期
《新上海》

（二）志书

民国《川沙县志》，1936 年刊本。
民国《上海县志》，1936 年刊本。
民国《青浦县续志》，1934 年刊本。
同治《上海县志》（影印本），台北：成文出版社，1975 年。
民国《续丹徒县志》（影印本），南京：江苏古籍出版社，1991 年。

（三）史料丛刊、年谱、日记、回忆录、文集、行状、笔记、杂记

包天笑：《钏影楼回忆录》，香港：大华出版社，1971年。

卞孝萱、唐文权编：《辛亥人物碑传集》，北京：团结出版社，1991年。

渤海寿臣编：《辛亥革命始末记》，台北：文海出版社，1969年。

柴小梵：《梵天庐丛录》，太原：山西古籍出版社，1999年。

陈三井、居蜜主编：《居正先生全集》上册，台北："中央研究院"近代史研究所，1998年。

陈锡祺主编：《孙中山年谱长编》，北京：中华书局，1991年。

陈学恂、田正平编：《中国近代教育史资料汇编·留学教育》，上海：上海教育出版社，1991年。

陈旭麓主编：《宋教仁集》，北京：中华书局，2011年。

丁文江、赵丰田编：《梁启超年谱长编》，上海：上海人民出版社，1983年。

方行、汤志钧整理：《王韬日记》，北京：中华书局，1987年。

冯自由：《革命逸史》第5集，北京：中华书局，1981年。

［日］服部龙二编：《王正廷回顾录》，东京：中央大学出版部，2008年。

傅德华编：《于右任辛亥文集》，上海：复旦大学出版社，1986年。

高平叔编：《蔡元培全集》第1卷，北京：中华书局，1984年。

顾廷龙主编：《清代硃卷集成》第371册，台北：成文出版社，1992年。

广东省社会科学院历史研究室、中国社会科学院近代史研究所中华民国史研究室、中山大学历史系孙中山研究室合编：《孙中山全集》，北京：中华书局，1981年。

郭长海、金菊贞编：《高旭集》，北京：社会科学文献出版社，2003年。

郭廷以编著：《中华民国史事日志》第1册，台北："中央研究院"近代史研究所，1979年。

何仲箫编：《陈英士先生纪念全集》上集，台北：文海出版社，1973年。

胡滨译：《英国蓝皮书有关辛亥革命资料选译》，北京：中华书局，1984年。

欧阳哲生主编：《胡适文集》，北京：北京大学出版社，1998年。

胡道静：《上海的日报》，上海：上海市通志馆，1935年。

胡汉民：《胡汉民自传》，台北：传记文学出版社，1982年。

湖南省社会科学院编：《黄兴集》，北京：中华书局，1981年。

胡适：《四十自述》，北京：中国华侨出版社，1994年。

黄炎培：《八十年来——黄炎培自述》，上海：文汇出版社，2000年。

黄彦、李伯新选编：《孙中山藏档选编（辛亥革命前后）》，北京：中华书局，1986年。

姜义华、张荣华编校：《康有为全集》，北京：中国人民大学出版社，2007年。

康有为著，楼宇烈整理：《康南海自编年谱（外二种）》，北京：中华书局，1992年。

康有为著，钟叔河主编：《欧洲十一国游记二种》，长沙：岳麓书社，1985年。

[清] 礼部奉敕纂辑：《钦定科场条例》，台北：文海出版社，1989年。

李明勋、尤世玮主编：《张謇全集》，上海：上海辞书出版社，2012年。

李平书著，方尔同标点：《李平书七十自叙》，上海：上海古籍出版社，1989年。

李锺珏：《新嘉坡风土记》，新加坡：南洋书局有限公司，1947年。

梁启超：《饮冰室合集》，北京：中华书局，1989年。

刘锦藻等：《清朝续文献通考》，杭州：浙江古籍出版社，1988年。

刘成禺撰，钱实甫注解：《世载堂杂忆》，北京：中华书局，1997年。

柳亚子著，柳无忌编：《南社纪略》，上海：上海人民出版社，1983年。

鲁迅：《鲁迅全集》，北京：人民文学出版社，2005年。

莫永明、范然：《陈英士纪年》，南京：南京大学出版社，1991年。

上海人民出版社编：《章太炎全集》第10册，上海：上海人民出版社，2022年。

上海社会科学院历史研究所编：《辛亥革命在上海史料选辑》，上海：上海人民出版社，1981年。

上海市档案馆编：《辛亥革命与上海——上海公共租界工部局档案选译》，上海：中西书局，2011年。

沈同芳著录，袁德芳校点：《江苏教育总会文牍》二编，江苏教育总会，1907年。

石芳勤编：《谭人凤集》，长沙：湖南人民出版社，2008年。

汤志钧编：《章太炎年谱长编》，北京：中华书局，1979年。

汤志钧编：《章太炎政论选集》，北京：中华书局，1977年。

汤志钧主编：《近代上海大事记》，上海：上海辞书出版社，1989年。

王韬：《弢园尺牍》，北京：中华书局，1959年。

王韬著，顾钧校注：《漫游随录》，北京：社会科学文献出版社，2007年。

王韬著，沈恒春、杨其民标点：《瀛壖杂志》，上海：上海古籍出版社，1989年。

王韬著，孙邦华选编：《弢园老民自传》，南京：江苏人民出版社，1999年。

吴宓著，吴学昭整理：《吴宓日记 第1册：1910～1915》，北京：生活·读书·新知三联书店，1998年。

《辛亥革命史丛刊》编辑组：《辛亥革命史丛刊》第2辑，北京：中华书局，1980年。

徐珂：《清稗类钞》，北京：中华书局，1984年。

严中平等编：《中国近代经济史统计资料选辑》，北京：科学出版社，1955年。

扬州师范学院历史系编：《辛亥革命江苏地区史料》，南京：江苏人民出版社，1961年。

姚淦铭、王燕主编：《王国维文集》，北京：中国文史出版社，2007年。

姚公鹤著，吴德铎标点：《上海闲话》，上海：上海古籍出版社，1989年。

赵德馨主编，吴剑杰等点校：《张之洞全集》，武汉：武汉出版社，2008年。

张怡祖编：《张季子九录》，台北：文海出版社，1983年。

张国淦：《辛亥革命史料》，上海：龙门联合书局，1958年。

郑逸梅：《人物品藻录》，上海：日新出版社，1946年。

郑逸梅：《近代野乘》，上海：新中书局，1948年。

郑逸梅：《书报话旧》，上海：学林出版社，1983年。

中国第一历史档案馆编：《清代档案史料丛编》第8辑，北京：中华书局，1982年。

中国历史博物馆编，劳祖德整理：《郑孝胥日记》，北京：中华书局，1993年。

中国人民政治协商会议全国委员会文史资料研究委员会编：《辛亥革命回忆录》第1集，北京：中华书局，1961年。

中国人民政治协商会议全国委员会文史资料研究委员会编：《辛亥革命回忆录》第4集，北京：中华书局，1962年。

中国人民政治协商会议全国委员会文史资料研究委员会编：《辛亥革命回忆录》第6集，北京：中华书局，1963年。

中国人民政治协商会议上海市委员会文史资料工作委员会编：《辛亥革命七十周年——文史资料纪念专辑》，上海：上海人民出版社，1981年。

中国史学会主编：《辛亥革命》，上海：上海人民出版社，1957年。

二、中文论著

陈建华：《"革命"的现代性——中国革命话语考论》，上海：上海古籍出版社，2000年。

陈蕴茜：《崇拜与记忆——孙中山符号的建构与传播》，南京：南京大学出版社，2009年。

程美宝：《地域文化与国家认同：晚清以来"广东文化"观的形成》，成都：四川人民出版社，2025年。

丁守和主编：《辛亥革命时期期刊介绍》第3集，北京：人民出版社，1983年。

［美］杜赞奇著，王宪明等译：《从民族国家拯救历史：民族主义话语与中国现代史研究》，北京：社会科学文献出版社，2003年。

范文澜：《中国近代史》，北京：人民出版社，1955年。

樊学庆：《辫服风云：剪发易服与清季社会变革》，北京：生活·读书·新知三联书店，2014年。

方平：《晚清上海的公共领域（1895～1911）》，上海：上海人民出版社，2007年。

戈公振：《中国报学史》，北京：中国新闻出版社，1985年。

［美］顾德曼著，宋钻友译，周育民校：《家乡、城市和国家——上海的地缘网络与认同，1853—1937》，上海：上海古籍出版社，2004年。

［德］哈贝马斯著，曹卫东、王晓珏、刘北城、宋伟杰译：《公共领域的结构转型》，上海：学林出版社，1999年。

何炳棣著，徐泓译注：《明清社会史论》，台北：联经出版事业股份有限公司，2013年。

何小刚主编：《沪上钩沉——首届上海学学术研讨会论文集》，上海：上海社会科学院出版社，2015年。

侯宜杰：《二十世纪初中国政治改革风潮——清末立宪运动史》，北京：人民出版社，1993年。

胡绳：《帝国主义与中国政治》，香港：生活书店，1948年。

黄苇：《上海开埠初期对外贸易研究（1843—1863）》，上海：上海人民出版社，1979年。

黄宗智主编：《中国研究的范式问题讨论》，北京：社会科学文献出版社，2003年。

［美］吉尔伯特·罗兹曼主编，国家社会科学基金"比较现代化"课题组译：《中国的现代化》，南京：江苏人民出版社，2003年。

金冲及、胡绳武：《辛亥革命史稿》，上海：上海辞书出版社，2011年。

江苏社会科学院《江苏史纲》课题组：《江苏史纲（近代卷）》，南京：江苏古籍出版社，1993年。

姜新、小雨：《江苏留学史稿（1840—1949）》，长春：吉林人民出版社，2006年。

［意］卡洛·金茨堡著，鲁伊译：《奶酪与蛆虫：一个16世纪磨坊主的宇宙》，桂林：广西师范大学出版社，2021年。

［美］柯文著，雷颐、罗检秋译：《在传统与现代性之间——王韬与晚清改革》，南京：江苏人民出版社，1998年。

［法］勒华·拉杜里著，许明龙、马胜利译：《蒙塔尤：1294—1324年奥克西坦尼的一个山村》，北京：商务印书馆，2007年。

李佃来：《公共领域与生活世界——哈贝马斯市民社会理论研究》，北京：人民出版社，2006年。

李泽厚、刘再复：《告别革命：二十世纪中国对谈录》，台北：麦田出版股份有限公司，1999年。

梁启超撰，何卓恩评注：《李鸿章》，武汉：湖北人民出版社，2004年。

梁启超撰，朱维铮导读：《清代学术概论》，上海：上海古籍出版社，2019年。

［美］列文森著，季剑青译：《儒教中国及其现代命运（三部曲）》，北京：中华书局，2024年。

林志宏：《民国乃敌国也：政治文化转型下的清遗民》，北京：中华书局，2013年。

刘海峰、李兵：《中国科举史》，上海：东方出版中心，2006年。

刘禾著，宋伟杰等译：《跨语际实践——文学，民族文化与被译介的现代性（中国，1900—1937）》，北京：生活·读书·新知三联书店，2002年。

［美］路康乐著，王琴、刘润堂译，李恭忠审校：《满与汉：清末民初的族群关系与政治权力（1861—1928）》，北京：中国人民大学出版社，2010年。

[美]罗伯特·达恩顿著，吕健忠译：《屠猫记：法国文化史钩沉》，北京：新星出版社，2006年。

罗福惠、朱英主编：《辛亥革命的百年记忆与诠释》，武汉：华中师范大学出版社，2011年。

[美]罗威廉著，江溶、鲁西奇译：《汉口：一个中国城市的商业和社会（1796—1889）》，北京：中国人民大学出版社，2005年。

[美]罗威廉著，鲁西奇、罗杜芳译：《汉口：一个中国城市的冲突和社区（1796—1895）》，北京：中国人民大学出版社，2008年。

罗志田：《权势转移：近代中国的思想、社会与学术》，武汉：湖北人民出版社，1999年。

罗志田：《国家与学术：清季民初关于"国学"的思想论争》，北京：生活·读书·新知三联书店，2003年。

罗志田：《裂变中的传承：20世纪前期的中国文化与学术》，北京：中华书局，2003年。

罗志田：《近代读书人的思想世界与治学取向》，北京：北京大学出版社，2009年。

罗志田：《再造文明的尝试：胡适传（1891—1929）》，北京：中华书局，2006年。

[美]罗兹·墨菲著，上海社会科学院历史研究所编译：《上海——现代中国的钥匙》，上海：上海人民出版社，1986年。

马长林主编：《租界里的上海》，上海：上海社会科学院出版社，2003年。

马光仁主编：《上海新闻史（1850—1949）》，上海：复旦大学出版社，2014年。

茅海建：《戊戌变法史事考》，北京：生活·读书·新知三联书店，2005年。

亓冰峰：《清末革命与君宪的论争》，台北："中央研究院"近代史研究所，1980年。

钱穆：《国史新论》，北京：生活·读书·新知三联书店，2001年。

秦绍德：《上海近代报刊史论》，上海：复旦大学出版社，2014年。

瞿骏：《辛亥前后上海城市公共空间研究》，上海：上海辞书出版社，2009 年。

饶怀民：《李燮和与沪宁光复》，长沙：湖南师范大学出版社，1998 年。

桑兵：《晚清学堂学生与社会变迁》，上海：学林出版社，1995 年。

桑兵：《清末新知识界的社团与活动》，北京：生活·读书·新知三联书店，1995 年。

上海市地方志办公室编：《上海研究论丛》第 1 辑，上海：上海社会科学院出版社，1988 年。

［美］史谦德著，周书垚、袁剑译，周育民校：《北京的人力车夫：1920 年代的市民与政治》，南京：江苏人民出版社，2021 年。

［日］实藤惠秀著，谭汝谦、林启彦译：《中国人留学日本史》，北京：生活·读书·新知三联书店，1983 年。

孙江：《重审中国的"近代"：在思想与社会之间》，北京：社会科学文献出版社，2018 年。

［美］托马斯·库恩著，金吾伦、胡新和译：《科学革命的结构》，北京：北京大学出版社，2003 年。

［美］王德威著，宋伟杰译：《被压抑的现代性——晚清小说新论》，北京：北京大学出版社，2005 年。

王笛著，李德英、谢继华、邓丽译：《街头文化——成都公共空间、下层民众与地方政治，1870—1930》，北京：中国人民大学出版社，2006 年。

王笛：《茶馆——成都的公共生活和微观世界，1900—1950》，北京：社会科学文献出版社，2010 年。

王笛：《碌碌有为——微观历史视野下的中国社会与民众》，北京：中信出版集团股份有限公司，2022 年。

王汎森：《章太炎的思想——兼论其对儒学传统的冲击》，上海：上海人民出版社，2018 年。

王汎森：《中国近代思想与学术的系谱》，上海：上海三联书店，2018 年。

王敏、魏兵兵、江文君、邵建：《近代上海城市公共空间（1843—1949）》，上海：上海辞书出版社，2011 年。

王佩良：《江苏辛亥革命研究》，长沙：国防科技大学出版社，2008年。

吴切：《辛亥革命论文集》，南京：南京师范大学出版社，2000年。

［日］狭间直树著，高莹莹译：《梁启超：东亚文明史的转换》，北京：北京大学出版社，2021年。

萧功秦：《危机中的变革：清末现代化进程中的激进与保守》，上海：上海三联书店，1999年。

［美］萧公权著，汪荣祖译：《近代中国与新世界：康有为变法与大同思想研究》，南京：江苏人民出版社，1997年。

谢一彪：《光复会史稿》，北京：人民出版社，2009年。

熊月之、周武主编：《海外上海学》，上海：上海古籍出版社，2004年。

熊月之、周武主编：《上海：一座现代化都市的编年史》，上海：上海书店出版社，2009年。

熊月之主编，周武、吴桂龙著：《上海通史 第五卷：晚清社会》，上海：上海人民出版社，1999年。

徐鼎新、钱小明：《上海总商会史（1902—1929）》，上海：上海社会科学院出版社，1991年。

杨国强：《晚清的士人与世相》，北京：生活·读书·新知三联书店，2008年。

杨国强：《百年嬗蜕：中国近代的士与社会》，上海：上海三联书店，1997年。

杨念群：《昨日之我与今日之我：当代史学的反思与阐释》，北京：北京师范大学出版社，2005年。

［美］张灏著，崔志海、葛夫平译：《梁启超与中国思想的过渡（1890—1907）》，南京：江苏人民出版社，1995年。

章开沅、林增平主编：《辛亥革命史》，北京：人民出版社，1980年。

章开沅：《开拓者的足迹：张謇传稿》，北京：中华书局，1986年。

张朋园：《梁启超与清季革命》，长春：吉林出版集团有限责任公司，2007年。

张朋园：《立宪派与辛亥革命》，长春：吉林出版集团有限责任公司，2007年。

张玉法：《辛亥革命史论》，台北：三民书局，1993年。

张玉法：《民国初年的政党》，长沙：岳麓书社，2004年。

周松青：《上海地方自治研究（1905~1927）》，上海：上海社会科学院出版社，2005年。

［美］周锡瑞著，杨慎之译：《改良与革命——辛亥革命在两湖》，北京：中华书局，1982年。

周新国等：《江苏辛亥革命史》，北京：社会科学文献出版社，2011年。

程美宝：《由爱乡而爱国：清末广东乡土教材的国家话语》，《历史研究》2003年第4期。

冯绍霆、杨天亮：《李平书时事论十二篇》，《档案与史学》1994年第1期。

付美英、方裕谨：《辛亥革命前清政府对革命书刊的封禁》，《历史档案》1982年第2期。

耿云志：《从革命党与立宪派的论战看双方民主思想的准备》，《近代史研究》2001年第6期。

胡成：《全球化时代与中国历史的书写——1930年代两个主流学术典范的交融会通》，《史林》2010年第3期。

胡绳武：《民元定都之争》，《民国档案》1987年第2期。

黄健美：《上海士绅李平书研究》，复旦大学博士学位论文，2011年。

金观涛：《观念起源的猜想与证明——兼评〈"革命"的现代性——中国革命话语考论〉》，《"中央研究院"近代史研究所集刊》2003年第42期。

黎藜：《制造舆论：清末知识人的社会运动——以1905年广州反美拒约运动为考察对象》，《新闻与传播研究》2023年第10期。

廖大伟：《辛亥革命与上海政治地位的提升》，《史林》2002年第2期。

廖大伟：《各省都督府代表合联合会述论》，《史林》1998年第3期。

林增平：《革命派、改良派的离合与清末民初政局》，《历史研究》

1986年第3期。

刘伟：《晚清"省"意识的变化与社会变迁》，《史学月刊》1999年第5期。

罗福惠：《台湾、香港辛亥革命研究述评》，《近代史研究》1991年第3期。

罗志田：《新旧之间：近代中国的多个世界及"失语"群体》，《四川大学学报（哲学社会科学版）》1999年第6期。

罗志田：《中外矛盾与国内政争：北伐前后章太炎的"反赤"活动与言论》，《历史研究》1997年第6期。

罗志田：《天下与世界：清末士人关于人类社会认知的转变——侧重梁启超的观念》，《中国社会科学》2007年第5期。

潘光哲：《〈时务报〉和它的读者》，《历史研究》2005年第5期。

瞿骏：《入上海与居上海——论清末士人在城市的私谊网络（1895—1911）》，《史林》2007年第3期。

瞿骏：《重大问题的再历史化——对辛亥革命史研究的一些思考》，《学术月刊》2011年第6期。

沈松侨：《国权与民权：晚清的"国民"论述，1895~1911》，《"中央研究院"历史语言研究所集刊》，2002年第73本。

沈松侨：《振大汉之天声——民族英雄系谱与晚清的国族想象》，《"中央研究院"近代史研究所集刊》2000年第33期。

沈松侨：《我以我血荐轩辕——黄帝神话与晚清的国族建构》，《台湾社会研究季刊》1997年第28期。

沈云龙：《张謇、程德全对辛亥开国前后之影响》，《"中央研究院"近代史研究所集刊》1971年第2期。

苏全有：《清末舆论缘何失控》，《求索》2010年第12期。

苏全有：《论清末的省界观念》，《安徽史学》2009年第1期。

汤仁泽：《同盟会中部总会和上海光复》，《史林》2006年第3期。

唐小兵：《清议、舆论与宣传——清末民初的报人与社会》，《华东师范大学学报（哲学社会科学版）》2010年第6期。

唐振常、许敏：《上海史研究四十年》，《社会科学》1991年第8期。

唐振常、沈恒春主编：《上海史研究（二编）》，上海：学林出版社，1988年。

王东杰：《"乡神"的建构与重构：方志所见清代四川地区移民会馆崇祀中的地域认同》，《历史研究》2008年第2期。

罗志田主编：《20世纪的中国：学术与社会》（史学卷），济南：山东人民出版社，2001年。

王奇生：《"革命"与"反革命"：一九二〇年代中国三大政党的党际互动》，《历史研究》2004年第5期。

王先明：《从风潮到传统：辛亥革命与"革命"话语的时代性转折》，《学术研究》2011年第7期。

王先明：《社会—文化视野下的辛亥革命与"革命话语"——关于拓展辛亥革命研究的几点思考》，《社会科学》2011年第2期。

吴乾兑：《沪军都督府与南京临时政府的筹建》，《史林》1992年第4期。

熊月之：《略论上海人形成及其认同》，《学术月刊》1997年第10期。

熊月之：《张园：晚清上海一个公共空间研究》，《档案与史学》1996年第6期。

熊月之：《晚清上海私园开放与公共空间的拓展》，《学术月刊》1998年第8期。

熊月之：《论李平书》，《史林》2005年第3期。

熊月之：《略论晚清上海新型文化人的产生与汇聚》，《近代史研究》1997年第4期。

许纪霖：《近代中国的公共领域：形态、功能与自我理解——以上海为例》，《史林》2003年第2期。

许纪霖：《重建社会重心：近代中国的"知识人社会"》，《学术月刊》2006年第11期。

徐林祥：《融斋龙门弟子与中国早期现代化》，《史林》2006年第5期。

徐良雄、汪岚：《宣告上海光复的第一张布告》，《东南文化》2002年第2期。

严昌洪、马敏：《20世纪的辛亥革命史研究》，《历史研究》2000年第3期。

严昌洪：《"国民"之发现——1903年上海国民公会再认识》，《近代史研究》2001年第5期。

杨国强：《晚清的清流与名士》，《史林》2006年第4期。

杨国强：《论清末知识人的反满意识》，《史林》2004年第3期。

杨念群：《为什么要重提"政治史"研究》，《历史研究》2004年第4期。

杨念群：《清代政治史研究向何处去？——一个批判性的反思》，《史林》2025年第1期。

杨天宏：《政党建置与民初政制走向——从"革命军起，革命党消"口号的提出论起》，《近代史研究》2007年第2期。

余英时：《中国知识分子的边缘化》，《二十一世纪》1991年第6期。

乐正：《近代上海的崛起与广州的失落》，《二十一世纪》1994年第24期。

乐正、郑翔贵：《〈西国近事汇编〉及其亚洲报道研究》，《近代史研究》1995年第4期。

张海鹏：《20世纪中国近代史学科体系问题的探索》，《近代史研究》2005年第1期。

章开沅：《50年来的辛亥革命史研究》，《近代史研究》1999年第5期。

章开沅、田彤：《新世纪之初的辛亥革命史研究（2000—2009)》，《浙江社会科学》2010年第9期。

张礼恒：《论辛亥革命期间伍廷芳与革命党人的关系》，《近代史研究》2002年第1期。

张艳华、章慕荣：《近二十年来辛亥革命研究综述》，《史学月刊》2001年第4期。

周育民：《辛亥革命时期的"江苏统一"——兼论辛亥革命时期的苏沪行政关系》，中国史学会编：《辛亥革命与二十世纪的中国（上）》，北京：中央文献出版社，2002年。

朱杰勤：《〈新加坡风土记〉的作者李锺珏》，《暨南学报（哲学社会科学版）》1986年第3期。

朱维铮、李天纲：《清学史：王韬与天下一道论》，《复旦学报（社会科学版）》1995年第3期。

朱宗震：《程德全与民初政潮》，《历史研究》1991年第6期。

三、英文论著

Cohen, Paul A. China Unbound: Evolving Perspectives on the Chinese Past. London: Routledge Curzon Press, 2003.

Fairbank, John. K. Trade and Diplomacy on the China Coast: The Opening of Treaty Ports, 1842—1854, Vol. 1. Cambridge, Mass: Harvard University Press, 1953.

Judge, Joan. Print and Politics: "Shibao" and the Culture of Reform in Late Qing China, Stanford: Stanford University Press, 1997.

Lu, Hanchao. Beyond the Neon Light: Everyday Shanghai in the Early Twentieth Century. Berkeley: University of California Press, 1999.

Rankin, Mary B. Elite Activism and Political Transformation in China: Zhejiang Province, 1865—1911. Standford: Stanford University Press, 1986.

Rowe, William T. The Public Sphere in Modern China. Modern China, Vol. 16, No. 3(July 1990).

Shi, Mingzheng. From Imperial Gardens to Public Parks: The Transformation of Urban Space in Early Twentieth-Century Beijing. Modern China, Vol. 24, No. 3(July 1998).

Ye, Bin. Searching for the Self: Zhang Shizhao and Chinese Narratives(1903—1927). Ph. D. dissertation, University of California, Berkeley, 2009.

Strand, David. Rickshaw Beijing: City People and Politics in the 1920s. Berkeley: University of California Press, 1989.

Ye, Wen-hsin. Provincial Passages: Culture, Space and the Origins of Chinese Communism. Berkeley: University of California Press, 1996.